زندگی زندہ دلی

(انشائیے)

مجتبیٰ حسین

Zindagi Zinda-Dili *(Humorous Essays)*

by: Mujtaba Hussain

Edition: September '2024

Publisher :

Taemeer Publications LLC (Michigan, USA / Hyderabad, India)

ISBN 978-93-5872-275-8

9 789358 722758

کتاب	:	**زندگی زندہ دلی** (انشائیے)
مصنف	:	**مجتبیٰ حسین**
صنف	:	طنز و مزاح
ناشر	:	تعمیر پبلی کیشنز (حیدرآباد، انڈیا)
سالِ اشاعت	:	۲۰۲۴ء
صفحات	:	۷۴
سرورق ڈیزائن	:	تعمیر ویب ڈیزائن

فہرست

دِلّی، سنگ دِلی اور زندہ دِلی

جب کسی قلمکار یا فنکار کی زندگی میں شام کے سائے گہرانے لگتے ہیں تو اس کے معصوم بہی خواہ اپنی اکثر شامیں محض اس خوش فہمی میں اسے سونپ دیتے ہیں کہ پتہ نہیں کب اور کس گلی میں ان کے ممدوح کی آخری شام آجائے۔ یہ عموماً اس وقت ہوتا ہے جب ان کا ممدوح اپنی تاریخِ پیدائش سے بہت دور نکل آتا ہے اور تاریخِ وفات اس کے قریب پہنچ رہی ہوتی ہے۔ حالانکہ یہی وہ وقت ہوتا ہے جب اسے نہ تو صبحوں اور شاموں سے کوئی سروکار ہوتا ہے اور نہ ہی اسے ان کا انتظار ہوتا ہے۔ اردو کے طرح دار شاعر، میرے دوست مصحف اقبالؔ توصیفی نے غالباً ایسے ہی کسی موقع اور کیفیت کے اظہار کے لئے کیا خوب کہا تھا:

جس سے لی تھیں اُسی کو لوٹا دیں
یہ رہی صبحیں، یہ تری شامیں

اردو کے عہد ساز مزاح نگار مشتاق احمد یوسفی نے میرے ایک اور مزاح نگار دوست عطا الحق قاسمی کے حوالے سے ایک واقعہ کا ذکر کچھ اس طرح کیا ہے کہ کسی جلسہ گاہ کے اطراف اردو کے کچھ ادیب اور شاعر آجا رہے تھے۔ ایسے میں مشتاق

احمد یوسفی کا اتفاقاً اُدھر سے گذر ہوا تو انہیں اس بھیڑ میں عطا الحق قاسمی بھی نظر آئے۔ یوسفی نے عطاؔ سے پوچھا: "کہو بھئی! اندر آڈیٹوریم میں کیا ہو رہا ہے؟"

عطاؔ نے کہا: "حضور! یہاں ایک چوہے کو شراب پلائی جا رہی ہے"۔

یوسفیؔ نے حیرت سے پوچھا: "چوہے کو شراب پلائی جا رہی ہے! کیا مطلب ہے؟"

عطا نے جواب دیا: "اندر ایک استاذ الاساتذہ قسم کے ایک شاعر کی شام منائی جا رہی ہے۔ اس کے شاگرد اس کی شان میں اتنے قصیدے پڑھ چکے ہیں کہ وہ تعریف کے نشے میں دھت ہو چکا ہے"۔

سچ پوچھئے تو کسی کی شام منانا دراصل چوہے کو شراب پلانے جیسا ہی کام ہے۔ یوں بھی شام مناتے وقت مقررین اس بات کا خاص خیال رکھتے ہیں کہ دروغ گوئی اور تعریف دونوں میں کوئی حدِ فاصل برقرار نہ رہے، بھلے ہی جھوٹ پر تعریف کا گمان ضرور ہو لیکن تعریف پر کسی کو جھوٹ کا گمان نہ ہونے پائے۔ شام کی کاریگری اسی کو کہتے ہیں۔

یادش بخیر! ہمیں اس وقت ایک اور ادبی شرابی چوہے کی یاد آگئی جو ایک میکدے میں خونخوار بِلّی سے بچنے کی خاطر دیوانہ وار دوڑ لگا رہا تھا۔ چوہا آگے آگے اور پیچھے پیچھے بِلّی کہ یکبارگی چوہا ایک ایسے گلاس میں جا گرا جو شراب سے بھرا ہوا تھا۔ چوہے نے چار پانچ ڈبکیاں لگانے کے علاوہ شراب کے چار پانچ گھونٹ بھی پی لئے۔

پھر کچھ دیر بعد گلاس کے کنارے پر چڑھ کر چوہے نے اِدھر اُدھر دیکھا۔ ایک ہچکی لی اور بہ آوازِ بلند چیخا "اری او ڈرپوک بِلّی! کہاں چھپ گئی۔ ہمت ہے تو سامنے آ۔ آج تو میں تجھے کچا چبا جاؤں گا"۔ (دیکھا آپ نے شراب اور تعریف دونوں کا نشہ کتنا زود اثر ہوتا ہے) تاہم میں بڑے ادب کے ساتھ اپنا معروضہ آپ کی خدمت میں پیش کرنا چاہتا ہوں کہ بھلے ہی شاعر اور چوہے کو ضرورتِ شعری کے تحت شراب پلائی جاسکتی ہو لیکن ایک مزاح نگار کو بشرطیکہ وہ سچا مزاح نگار ہو، شراب پلا کر مدہوش کرنا ناممکن سا امر ہے۔ اس لئے کہ مزاح نگار ہمیشہ زمین سے جڑا رہتا ہے اور اپنی اصلیت کو خوب پہچانتا ہے۔ وہ مدہوشی اور سرشاری کے عالم میں ہوا میں نہیں اڑتا بلکہ ایک ذرۂ ناتحقیق بن کر خاک میں مل جاتا ہے اور اپنے آپ ہی گل و گلزار ہو جاتا ہے۔ اس کا سبب یہ ہے کہ وہ دنیا کی نظر سے بھی خود کو دیکھنے اور پرکھنے کا اہل ہوتا ہے۔ آپ اسے چھوٹا منہ بڑی بات نہ سمجھیں تو عرض کروں کہ ایک اچھے مزاح نگار کا بنیادی منصب ہی یہ ہوتا ہے کہ وہ وقفہ وقفہ سے سماج کے ان نشے بازوں اور میخواروں کا نشہ اتارتا رہے جو صرف شراب کے نشے کے عادی نہیں ہوتے بلکہ جنہیں اقتدار، دولت، حرص، ہوس، رعونت اور شہرت کے نشے کی عادت پڑجاتی ہے

اور یہ وہ نشہ ہے جو خود سے نہیں اترتا بلکہ اسے اتارنا پڑتا ہے۔ یہ ایک حقیقت ہے کہ اچھا مزاح نگار ایک معصوم آدمی ہوتا ہے لیکن سماج کے بدمعاش اور

بد کردار عناصر کو بے نقاب کرنے کے معاملے میں وہ خود بد معاشوں سے بھی کہیں زیادہ بد معاش بن جاتا ہے۔ وہ ایسے کرداروں کی اوچھی حرکتوں اور کرتوتوں کو بہت اچھی طرح جانتا ہے لیکن خود سے ان حرکتوں پر عمل پیرا ہونے کو ضروری نہیں سمجھتا۔ اس کی حالت کنول کے اس پھول کی سی ہوتی ہے جو گندگی میں پنپنے کے باوجود خود کو گندگی سے محفوظ رکھتا ہے۔ وہ ظالم کے خلاف مظلوم کے حق میں، طاقتور کے خلاف کمزور کے حق میں، نا انصافی کے خلاف انصاف کے حق میں، اندھیرے کے خلاف اجالے کے حق میں اپنی آواز بلند کرتا رہتا ہے۔ میں نے ایک بار کہیں لکھا تھا کہ ظرافت نگاری کیلئے آدمی کا ظریف ہونا ہی کافی نہیں ہوتا بلکہ اس کا باظرف ہونا بھی نہایت ضروری ہوتا ہے۔ ایک مزاح نگار کا ظرف ہی اس کی ظرافت کو جانچنے کا اصل پیمانہ ہے۔

حضرات! یہ تو آپ جانتے ہیں کہ ملک بھر میں جگہ جگہ اردو اکادمیاں بکھری ہوئی ہیں جن کی اوٹ پٹانگ سرگرمیوں کو میں نے ہمیشہ اپنے طنز کا نشانہ بنایا ہے لیکن اردو اکادمی دہلی وہ واحد اکادمی ہے جسے میں اپنے مذاق کا موضوع نہ بنا سکا بلکہ میرا تو جی چاہتا ہے کہ میں اپنی طرف سے خود اردو اکادمی دہلی کی ایک یادگار شایانِ شان شام مناؤں۔ اس لئے کہ اردو اکادمی دہلی سارے ملک کی ایسی اکیلی ہنس مکھ، زندہ دل اور بذلہ سنج اردو اکادمی ہے جس نے طنز و مزاح کی اہمیت کو ہمیشہ تسلیم کیا اور اس کے ساتھ اچھوتوں کا سا سلوک روا نہیں رکھا۔ مجھے یاد ہے کہ اردو اکادمی

دہلی کے بانی میرے کرم فرما جناب شریف الحسن نقوی نے بیس برس پہلے دہلی میں اردو طنز و مزاح نگاروں کا ایک یادگار سہ روزہ اجتماع منعقد کیا تھا جس میں ملک بھر سے طنز و مزاح سے متعلق بیسیوں نثر نگاروں اور شاعروں نے شرکت کی تھی۔ ابھی پچھلے سال (۲۰۰۴) میں اکادمی کے موجودہ سکریٹری مرغوب حیدر عابدی کی نگرانی اور ڈاکٹر خالد محمود کی رہنمائی میں مارچ میں ایک سہ روزہ سمینار 'اردو ادب میں طنز و مزاح کی روایت' کے موضوع پر منعقد ہوا تھا۔ وہ غالباً سارے ملک میں اپنی نوعیت کا پہلا سمینار تھا جس میں اردو طنز و مزاح کے سارے گوشوں کا بھرپور جائزہ لیا گیا تھا۔ ڈاکٹر خالد محمود نے ابھی حال میں اس سمینار میں پڑھے گئے سارے مضامین کو اکٹھا کر کے کتابی صورت میں شائع کیا ہے۔ مجھے یقین ہے کہ اس ضخیم کتاب کو اردو ادب کی تاریخ میں ہمیشہ حوالے کے طور پر استعمال کیا جائے گا۔

صاحبو! سب سے آخر میں خود دہلی کے حوالے سے ارباب اردو اکادمی دہلی کا شکریہ ادا کرنا چاہتا ہوں کہ انہوں نے مجھ جیسے کم سواد کی شام منا کر مجھے ایک گہرے تذبذب اور کشمکش کے دائرے سے باہر نکالا ہے۔ اس لئے کہ دو شہروں کی شہریت کے معاملے میں نہ صرف غیروں نے بلکہ خود میں نے بھی اپنے آپ کو مشکوک نظروں سے دیکھا۔ میں ہمیشہ اس مخمصے میں رہا کہ حیدرآبادی مجھے دہلی والا سمجھتے ہیں اور دہلی والے مجھے حیدرآباد کے کھاتے میں ڈالتے ہیں۔ یہاں تک کہ اس الجھن سے تنگ آ کر میں نے پچھلے سال یہ اعلان کر دیا تھا کہ میں ایک "دو شہرا

شہری" ہوں۔ نتیجہ میں اب میں دہلی اور حیدرآباد کے بیچ حالتِ سفر میں زیادہ پایا جاتا ہوں۔

یادش بخیر! ایک زمانے میں قتیل شفائی مرحوم اکثر پاکستان سے ہندوستان آیا جایا کرتے تھے۔ میرے دوست کے ایل نارنگ ساقی نے ایک دن دوستوں کی محفل میں کہا: "قتیل بھائی ہندوستان اور پاکستان کے درمیان آپ ایک پل کی حیثیت رکھتے ہیں"۔ اس پر میں نے قتیل شفائی سے کہا کہ "قتیل بھائی! آپ کو ہندوستان اور پاکستان کے بیچ پل کا درجہ پانا مبارک ہو لیکن خدا کے لئے اس پل پر سے کبھی کبھار دوسروں کو بھی آنے کا موقع دیجئے۔ یہ کیا بات ہوئی کہ ہمیشہ آپ ہی اس پل پر سے آتے جاتے رہتے ہیں"۔

اسے اردو اکادمی دہلی کے ارباب مجاز کا کرم نہ کہوں تو اور کیا کہوں کہ انہوں نے جب دہلی کے سربرآوردہ اور ممتاز اہل قلم حضرات کے ساتھ شامیں منانے کا آغاز کیا تو اس سلسلے کی پہلی شام کے لئے استاذالاساتذہ پنڈت آنند موہن زتشی گلزار دہلوی جیسے دل دہلانے والے دہلوی کا انتخاب فرما کر ثابت کیا کہ حق بہ حقدار رسید اسی کو کہتے ہیں لیکن اس کے فوراً بعد منعقد ہونے والی دوسری ہی شام کو اس کمترین سے منسوب کرکے فیض احمد فیضؔ کے اس مصرعے کی عملی تفسیر بھی پیش کردی کہ کوئے یار سے نکل کر سوئے دار جانا کس کو کہتے ہیں۔

حضرات! میں نے اپنی زندگی کا سب سے لمبا عرصہ دہلی شہر میں ہی گذارا ہے

کسی اور شہر میں نہیں۔ پورے ۳۵ برس۔ اور ان بھرپور برسوں کو گذارنے کے دوران میں مجھ سے عملاً حساب کی وہ غلطی بھی سرزد ہوئی ہے جو غالبؔ سے بہت پہلے سرزد ہوئی تھی یعنی ہر برس کو ۵۰ ہزار دنوں کا ماننا۔ بلکہ دہلی کی کسی کسی شام کو تو میں ۵۰ ہزار صدیوں کا مانتا ہوں۔ گویا لمحوں میں یہاں صدیوں کی زندگی بھی جی۔ اگر میں یہ گنانے پر اتر آؤں کہ اس شہر نے مجھے کیا کیا دیا ہے تو مجھ سے پھر حساب کی غلطی سرزد ہو جائے گی۔ میں کوئی فینانس منسٹر تھوڑا ہی ہوں کہ اتنا لمبا چوڑا حساب رکھتا پھروں۔ سنا ہے کہ دہلی سات بار اجڑی اور اسے ساتوں مرتبہ پھر سے بسایا گیا۔ کسی دل جلے نے کہا تھا کہ اس ظالم شہر کو جن لوگوں نے بار بار بسایا انہیں قرار واقعی سزاء دی جانی چاہئے کیونکہ جب یہ اجڑی تھی تو اسے اجڑی ہی رہنے دیتے، اسے پھر سے بسانے کی کیا ضرورت تھی۔ تاہم اس سلسلے میں میرا نظریہ یہ ہے کہ وہ ظالم، جابر اور سفّاک لوگ تھے جنہوں نے دہلی کو اجاڑا تھا لیکن جن لوگوں نے مل کر اسے پھر سے بار بار بسایا وہ ہماری ہی طرح کے معمولی، غیر اہم، کم سواد مگر خوش دل، خوش باش، خوش ذوق اور خوش اطوار لوگ تھے جو سنگ دلی کا مقابلہ زندہ دلی سے کرنا جانتے ہیں اور میرے نزدیک دلّی دراصل زندہ دِلی کا دوسرا نام ہے۔

('مجتبیٰ حسین کے نام ایک شام' کے عنوان سے دہلی اردو اکادمی کی جانب سے منعقدہ محفل میں ۱۱ ستمبر ۲۰۰۵ء کو پڑھی گئی تحریر)

***

ایک عجیب و غریب ٹیلی فونی بات چیت

کل رات کے پچھلے پہر فون کی گھنٹی بجی اور میں نے ریسیور اٹھایا تو ایک عجیب و غریب ٹیلی فونی کال سے میرا واسطہ پڑا۔ مخاطب نے میرا نام لے کر کہا "بتاؤ کیسے ہو۔ کس حال میں ہو؟"۔ اپنا حال اسے بتانے سے پہلے عادت کے مطابق میں نے یہ جاننے کی کوشش کی کہ دیکھیں دوسری طرف کون بول رہا ہے تا کہ میں اسی کے مطابق اپنا حال بتا سکوں۔ جس طرح کا شناسا ہو، اسے میں اسی طرح کا حال بتایا کرتا ہوں کیونکہ ہر رشتہ کی نوعیت مختلف ہوتی ہے۔ یہ نہیں ہو سکتا کہ کوئی یونہی رسماً میرا حال پوچھ لے اور میں اسے اپنا اصلی اور کھرا کھرا حال سنانے بیٹھ جاؤں۔ بعض لوگ بس یونہی مروتاً کسی کا حال پوچھ لیتے ہیں۔ ایسے لوگوں کو آپ اپنا سچا حال بتا بھی دیں تو آپ کا حال بہتر نہیں ہو سکتا بلکہ اس کے مزید خراب ہونے کا اندیشہ لگا رہتا ہے۔

میں نے جب اس کا نام پوچھا تو آواز آئی "میں عبد اللطیف بول رہا ہوں، پرانی دہلی کے چتلی قبر والے علاقہ کا تمہارا پرانا دوست"۔ عبد اللطیف کا نام سنتے ہی میرے ہاتھ پاؤں پھول گئے کیونکہ اس دنیا میں میرا ایک ہی دوست عبد اللطیف تھا

اور جس عبد اللطیف سے میری بات ہو رہی تھی اسے اس دنیا سے گزرے ہوئے چھ مہینے بیت چکے ہیں۔ عبد اللطیف سے میری پچیس برس پرانی دوستی تھی، وہ خود تو ادیب، شاعر یا فنکار نہیں تھا لیکن اسے ادیبوں اور شاعروں کی محبت میں رہنے کا شوق تھا۔ پرانی دہلی میں اس کی کپڑے کی دکان تھی اور جس طرح وہ اپنے دوستوں کی خاطر تواضع کرتا تھا اس سے اندازہ ہوتا تھا کہ اس کا کاروبار اچھا چلتا ہے۔ جب بھی میرے گھر آتا تو خالی ہاتھ نہیں آتا تھا، کچھ نہ کچھ ضرور لے آتا تھا۔ کوئی بقر عید ایسی نہیں گزری جب میں دہلی میں موجود ہوں اور وہ قربانی کے بکرے کی سالم ران لے کر میرے پاس نہ آیا ہو۔ اس کی یہ محبت یک طرفہ تھی۔ میرے ہر دوست نے کسی نہ کسی مرحلہ پر اپنا کوئی نہ کوئی چھوٹا موٹا کام مجھ سے ضرور کروایا لیکن عبد اللطیف نے کبھی کسی کام کے لئے نہیں کہا۔ جن دنوں میں پابندی سے کافی ہاؤس جایا کرتا تھا عبد اللطیف بڑی پابندی سے کافی ہاؤس کے سامنے رسالوں اور اخبارات کے ایک اسٹال پر میرا انتظار کرتا تھا اور جب تک میں وہاں نہ پہنچوں وہ رسالوں کے مطالعہ میں مصروف رہتا تھا۔ اس بہانے نیوز پیپر اسٹال والے سے بھی اس کی دوستی ہو گئی تھی اور وہ اس کے بیٹھنے کے لئے ایک اسٹول فراہم کر دیتا تھا تاکہ وہ اطمینان سے اخباروں اور رسالوں کا مطالعہ کر سکے۔ میرے وہاں پہنچنے کے بعد ہی وہ میرے ساتھ کافی ہاؤس میں داخل ہوتا تھا اور میرے ساتھ ہی باہر بھی نکلتا تھا۔ محفل میں وہ ہمیشہ خاموش رہتا تھا البتہ میرے اور میرے دوستوں کے درمیان جو نوک جھونک

چلا کرتی تھی اس سے بے حد لطف اندوز ہوا کرتا تھا۔ یوں میں اس کی محبت کا عادی ہوتا چلا گیا۔ جب میں نے کافی ہاؤس آنا جانا کم کر دیا تو وہ فون کر کے میرے پاس آنے لگا۔ روز تو خیر نہیں آتا تھا لیکن ہفتہ میں ایک مرتبہ کسی نہ کسی طرح میرے پاس آجاتا تھا۔ چھ مہینے پہلے جب اس کا انتقال ہوا تو صبح صبح اُس کے بیٹے نے مجھے فون کر کے یہ اندوہناک اطلاع دی کہ "ابوّ کا کل رات اچانک انتقال ہو گیا، آج وہ غالباً آپ سے ملنے والے تھے، مرنے سے پہلے شدید کرب کے عالم میں بھی انہوں نے مجھے یہ ہدایت دی تھی کہ اگر انہیں کچھ ہو گیا تو آپ کو فوراً اس کی اطلاع دے دی جائے چنانچہ آج دوپہر میں بعد نماز ظہر آئی ٹی او کے قبرستان میں ان کی تدفین عمل میں آئے گی"۔ اس خبر کو سن کر مجھ پر سکتہ طاری ہو گیا۔

عبد اللطیف جیسے خاموش، مخلص اور بے لوث محبت کرنے والے دوست کا اس دنیا سے گزر جانا میرے لئے نہایت تکلیف دہ سانحہ تھا۔ میری دنیا یوں بھی ان دنوں سکڑتی چلی جا رہی ہے۔ جب بھی کوئی پرانا دوست اس دنیا سے اٹھ جاتا ہے تو یوں لگتا ہے جیسے میری سماجی زندگی کا ایک ستون گر گیا ہے۔ میرے سماجی رشتوں کے ایوان کی موجودہ حالت کم و بیش ویسی ہی ہو گئی ہے جیسے امریکی بم باری کے بعد بغداد شہر کی ہو گئی ہے۔ ہر عمارت نہ صرف تباہ و تاراج ہو چکی ہے بلکہ اس کے اندر جو سامان تھا وہ بھی لُٹ چکا ہے۔ یہ اور بات ہے کہ دوستوں کی رحلت کو برداشت کرنے کی عادت مجھ میں پیدا ہوتی جا رہی ہے کیونکہ مشکلیں جب زیادہ پڑتی ہیں تو خود

بخود آسان ہو جاتی ہیں۔ تاہم عبد اللطیف کی موت کی خبر سن کر میں بڑی دیر تک چپ چاپ بیٹھا رہا تاکہ میں اپنے اندر اس سانحہ کو برداشت کرنے کی ہمت پیدا کر سکوں۔ ہمت تو خیر پیدا نہیں ہوئی، البتہ بے بسی اور بے حسی کی ایک ایسی کیفیت ضرور پیدا ہوئی جسے لوگ غلط فہمی یا ناسمجھی میں ہمت کا نام دے ڈالتے ہیں۔ کچھ دیر بعد میں نے گھڑی دیکھی تو دس بج رہے تھے۔ اتفاق سے اس دن مجھے صبح میں دو چار ضروری کام کرنے تھے۔ میں نے سوچا کہ کچھ کاموں کو ملتوی کر دوں اور جو بھی ضروری کام کروں انہیں کچھ اس طرح انجام دوں کہ ظہر کی نماز کے بعد عبد اللطیف کی آخری رسومات میں ضرور شرکت کر سکوں۔ میں نہانے کے لئے باتھ روم میں گیا تو معلوم ہوا کہ پانی نہیں آ رہا ہے۔ ایک رات پہلے شمالی ہندوستان میں بجلی کے گریڈ کے نظام میں خرابی پیدا ہو جانے کے بعد کئی گھنٹوں تک بجلی بند رہی تھی جس کی وجہ سے پانی کی سپلائی میں بھی خلل واقع ہو گیا تھا۔ میں نہانے اور داڑھی وغیرہ بنانے کے معاملہ میں زیادہ دیر نہیں کرنا چاہتا تھا کیونکہ عبد اللطیف کی آخری رسومات میں ٹھیک وقت پر شرکت کرنا ضروری تھا۔ میں نے بحالت مجبوری منرل واٹر کے بیس بیس لیٹر والے دو کنستر ایک ڈپارٹمنٹل اسٹور سے منگوائے۔ یہ اور بات ہے کنستروں کے آنے میں بھی آدھے گھنٹے کا وقت ضائع ہو گیا کیونکہ معلوم ہوا کہ ڈپارٹمنٹل اسٹور پر ان کنستروں کو حاصل کرنے والوں کی بھیڑ لگی ہوئی ہے۔ مجھے غصہ تو بہت آیا لیکن مجھے عبد اللطیف کا ایک جملہ اچانک یاد آیا جو وہ دہلی شہر کی

خصوصیت اور مزاج کو ظاہر کرنے کے لئے اکثر استعمال کرتا تھا۔ عبداللطیف اگرچہ خالص کرخنداری زبان بولتا تھا لیکن اسے پنجابی زبان کا ایک محاورہ "کُتّی چیز" بہت پسند تھا، چنانچہ دہلی کے بارے میں اکثر کہا کرتا تھا "دہلی بڑی کُتّی چیز ہے"۔ یہاں کے موسم، یہاں کے ٹریفک، یہاں کے حالات، یہاں کی سیاسی سماجی اور تہذیبی زندگی سے متعلق شخصیتوں کو بھی اسی "کُتّی چیز" کے لقب سے نوازتا تھا۔

میں جب پچاس روپے کی مالیت کے پانی سے نہانے لگا تو دہلی کے "کُتّی چیز" ہونے کا مجھے یقین آ گیا۔ یہ اور بات ہے کہ کچھ عرصہ بعد اخباروں میں ایسی خبریں بھی آئیں کہ صاف کیا ہوا یہ پانی بھی پینے کے قابل نہیں ہے بلکہ یہ نہانے کے کام بھی نہیں آ سکتا۔ غرض نہا کر غسل خانے سے نکلنے اور تیار ہو کر گھر سے باہر آنے تک بارہ بج چکے تھے۔ دھوبی نے بھی کپڑوں پر استری کرنے میں کچھ دیر لگا دی تھی۔ مجھے سب سے پہلے بجلی کا بل جمع کرنا تھا اور اندیشہ تھا کہ اگر اس دن بل جمع نہ ہوا تو وہ بجلی جو پہلے ہی سے بند ہے، وہ بھی کٹ جائے گی۔ باہر نکلا تو پتہ چلا کہ آٹو رکشا والوں نے ہڑتال کر رکھی ہے۔ چار و ناچار ایک سائیکل رکشا پر سوار ہو کر بجلی کے دفتر تک گیا۔ وہاں گیا تو معلوم ہوا کہ بجلی کی خرابی کی وجہ سے کمپیوٹر سسٹم خراب ہو گیا ہے۔ جب تک کمپیوٹر ٹھیک نہیں ہو گا تب تک بل جمع نہیں ہو سکتا۔ مجبوراً ایک گھنٹہ تک لائن میں کھڑا رہا۔ مجھے رہ رہ کر عبداللطیف کا خیال آتا رہا کہ اس کے گھر میں کہرام مچا ہو گا اور یہ کہ اب اس کی میّت کو غسل دیا جا رہا ہو گا اور کیا

عجب کہ اس مقصد کے لئے بھی منرل واٹر کے کنستر منگوائے گئے ہوں۔ لعنت ہے اس شہر پر جہاں میّت کو غسل دینے کے لئے بھی منرل واٹر کا سہارا لینا پڑ جائے۔ خیر بجلی کا بل جمع کر کے باہر نکلنے تک ظہر کی نماز کا وقت ہو گیا تھا۔ میں نہایت عجلت میں ایک ہڑتالی آٹو رکشا ڈرائیور کے آگے ہاتھ جوڑے، اسے اپنے ایک عزیز ترین دوست کے مرنے کا حوالہ دیا۔ بالآخر اس کی سوئی ہوئی انسانیت جاگ اٹھی اور وہ دوگنے کرایہ پر مجھے لے چلنے کے لئے تیار ہو گیا۔ ہڑتالی آٹو رکشا ڈرائیوروں کی نظریں بچا کر پہلے تو وہ گلیوں میں چلتا رہا۔ پھر سڑک پر آیا تو ہڑتالیوں نے اس کے پہیوں کی ہوا نکال دی، مرتا کیا نہ کرتا، میں نے منت سماجت کر کے قبرستان کے طرف جانے والے ایک موٹر نشین کو روکا اور اس سے لفٹ لے لی۔ آخرکار جب میں قبرستان میں پہنچا تو اس وقت تک عبد اللطیف کی میّت نہ صرف قبر میں اتاری جا چکی تھی بلکہ اس پر مٹی کی آخری تہہ جمائی جا رہی تھی۔ مجھے بے حد دکھ ہوا کہ میں اپنے ایک بے لوث دوست کا آخری دیدار بھی نہ کر سکا۔ لوگوں نے بتایا کہ دفن کے وقت اس کے ہونٹوں پر مسکراہٹ سجی ہوئی تھی۔ میں نے اس کے بچوں کو با دیدۂ نم پرسہ دیا اور چلا آیا۔ کئی دنوں تک عبد اللطیف کی شکل میری آنکھوں میں گھومتی رہی۔ ایمان کی بات تو یہ ہے کہ مجھے آج بھی اس کی آخری رسومات میں بروقت شرکت نہ کر سکنے کا افسوس ہے۔

مگر کل رات جب عبد اللطیف مرحوم کا فون میرے پاس آیا تو میری ندامت

اور شرمندگی کا پارہ ساتویں آسمان پر چڑھ گیا۔ میں نے ڈرتے ڈرتے کہا "عبد اللطیف! میں تم سے بے حد شرمندہ ہوں کہ میں تمہاری آخری رسومات میں شرکت کے لئے اس وقت پہنچا جب تمہاری قبر مٹی سے پاٹ دی گئی تھی اور میں تمہارا آخری دیدار بھی نہ کر سکا۔ اس بات کا بڑا قلق ہے کہ میں اپنے ایک عزیز ترین دوست کا آخری دیدار بھی نہ کر سکا۔ تمہارے جانے سے میری زندگی میں جو خلا پیدا ہوا ہے وہ کبھی پُر نہ ہو گا تم جیسا مخلص دوست اب کہاں ملے گا۔ بہر حال جو ہونا تھا وہ ہو چکا ہے۔ مشیت ایزدی کو یہی منظور تھا۔ تم بھی صبر کرو اور میں بھی صبر کرتا ہوں۔ ان اللہ مع الصابرین"۔

میری بات کو سن کر عبد اللطیف نے ایک زوردار قہقہہ لگایا اور کہا "یار! تم جو بھی بات کرتے ہو نرالی کرتے ہوئے، مرنے والے کا پُرسہ عموماً اس کے لواحقین کو دیا جاتا ہے اور ان سے صبر کرنے کی تلقین کی جاتی ہے۔ غالباً تم پہلے آدمی ہو جو مرنے والے کو بالمشافہ پُرسہ دے رہے ہو۔ میں نے بھی زندگی میں بہت سے پُرسے دئے ہیں۔ کیا میں نہیں جانتا کہ پُرسہ دینے والے کے دل میں کیا بات ہوتی ہے اور اس کی زبان پر کیا ہوتا ہے۔ مجھے اس بات کا بالکل دکھ نہیں ہے کہ تم میری آخری رسومات میں بروقت نہیں پہنچے۔ میں تو ہمیشہ سے ہی کہتا رہا ہوں کہ دہلی بڑی کُتّی چیز ہے۔ یہاں آدمی نہ تو چین سے زندہ رہ سکتا ہے اور نہ اپنے مرنے کے لئے کسی موزوں وقت کا انتخاب کر سکتا ہے۔ وہ تو میرا ہی قصور تھا کہ میں نے مرنے کے لئے

ایسے دن کا انتخاب کیا، جب دہلی میں بارہ گھنٹوں سے بجلی غائب تھی اور اوپر سے آٹو رکشا والوں نے بھی ہڑتال کر رکھی تھی۔ اس کے باوجود تمہارا میری آخری رسومات میں آنا ایسا ہی ہے جیسے پہاڑ کو کاٹ کر دودھ کی نہر لانا۔ بھئی 'لانگ ڈسٹنس کال' میں بہت سی باتیں نہیں کہی جاسکتیں۔ میں پھر کبھی فون کروں گا"۔ میں نے کہا "یہ تو بتاؤ کہ دوسری دنیا میں تمہارا کیا حال ہے؟۔ جنت میں داخل ہو گئے ہو یا جنت کے دروازے پر بیٹھے میرے آنے کا انتظار کر رہے ہو جس طرح کافی ہاؤس کے باہر تم میرے آنے کا انتظار کیا کرتے تھے تاکہ میں آجاؤں تو میرے ساتھ کافی ہاؤس میں داخل ہو سکو۔ اور ہاں یہ تو بتاؤ کہ کیا دوسری دنیا میں بھی موبائل فون رکھنے کی سہولت ہے"۔ عبد اللطیف نے پھر قہقہہ لگا کر کہا ' بھیا! یہاں تو روحانی فون کی سہولت موجود ہے۔ میں تم سے بات بھی صرف اس لئے کر رہا ہوں کہ تمہارا فون کل سے ڈیڈ ہے، اگر تمہارا فون اچھا رہتا تو شاید میں تم سے بات نہ کر پاتا"۔

عبد اللطیف کے اس انکشاف کو سنتے ہی میری نیند اچانک اُچٹ گئی۔ گھڑی دیکھی تو رات کے تین بج رہے تھے۔ میں نے فون کا ریسیور اٹھایا تو وہ سچ مچ ڈیڈ تھا۔ یاد آیا کہ ایک دن پہلے ہی میں نے ٹیلی فون ایکسچینج میں اپنے فون کے ڈیڈ ہونے کی شکایت درج کرائی تھی۔ اس کے بعد بڑی دیر تک مجھے نیند نہ آئی۔ اس لئے کہ ایک عرصہ بعد عبد اللطیف مرحوم کی محبت سے لبریز باتیں سن کر میں نہال ہو گیا تھا۔ دوسرے دن صبح صبح میں بطور خاص ٹیلی فون ایکسچینج گیا اور ایک دن پہلے لکھوائی

ہوئی اپنی شکایت واپس لے لی۔ ایکسچینج والوں کو تاکید کی کہ وہ میرا فون ٹھیک نہ کریں بلکہ ڈیڈ ہی رہنے دیں۔ جب انہوں نے حیرت سے اپنی آنکھیں پھاڑ کر میری اس نامعقول تاکید کی وجہ پوچھی تو میں نے کہا "میرے فون کے ڈیڈ رہنے کی وجہ سے میرے پاس ڈیڈ لوگوں کے یعنی مرحومین کے فون آنے لگے ہیں، میرے سارے اچھے دوست اب دوسری دنیا میں آباد ہیں۔ ان سے اتنا "لانگ ڈسٹنس رابطہ" رکھنے کا واحد طریقہ یہ ہے کہ میں اپنے فون کو ڈیڈ رکھوں۔ یوں بھی میں زندہ لوگوں کے ٹیلی فون کال سے تنگ آ چکا ہوں کیونکہ ان کی باتوں میں اب زندگی کم اور مردنی زیادہ پائی جاتی ہے۔ کیوں نہ میں مردہ لوگوں کی زندہ باتیں سنوں"۔ وہ لوگ مجھے حیرت سے دیکھنے لگے تو میں وہاں سے واپس چلا آیا۔

***

اپنے اسکوٹر کی یاد میں

جیسا کہ آپ جانتے ہیں دہلی میں فضائی آلودگی بہت ہوتی ہے لیکن ہم یہ نہیں جانتے تھے کہ دہلی کی اس فضائی آلودگی کا اصل سبب ہمارا وہ اسکوٹر ہے جو پچھلے ستائش (۲۷) برسوں سے ہمارا رفیق رہا ہے۔ ایک دن دہلی سرکار نے بیٹھے بٹھائے یہ حکمنامہ جاری کر دیا کہ دہلی میں پندرہ سال پرانی جتنی بھی موٹریں اور اسکوٹریں ہیں انھیں یکم جنوری ۲۰۰۱ء کے بعد دہلی کی سڑکوں پر چلنے کی اجازت نہیں دی جائے گی۔ ہماری سمجھ میں نہیں آیا کہ دہلی میں جہاں ہر طرح کی گندگی سیاسی رہنماؤں کے ذریعہ پھیلائی جاتی ہے اس کے مقابلہ میں ہمارے دو پہیوں والے اسکوٹر کی فضائی آلودگی کیا حقیقت رکھتی ہے۔ لیکن کیا کریں دہلی سرکار کا حکمنامہ تو جاری ہو گیا تھا۔ کباڑی والے ہمارے پیچھے پڑ گئے کہ دو چار سو روپئے لیجئے اور اس سے اپنی جان چھڑائیے۔

اگرچہ دنیا کی نظر میں ہمارے اسکوٹر کی حیثیت دو کوڑی کی بھی نہیں رہ گئی تھی لیکن ہم تو اس کی قدر و قیمت کو اچھی طرح جانتے ہیں۔ کیونکہ ہم نے اپنی زندگی کے پورے ستائیس برس اس اسکوٹر کی رفاقت میں گذارے ہیں۔ سچ تو یہ ہے کہ دہلی

میں اتنے برس رہ کر ہم نے جو کچھ بھی حاصل کیا ہے وہ اسی اسکوٹر کے بل بوتے پر کیا ہے۔ آج ہم اسے کیونکر کباڑی والے کے حوالے کر دیں۔ اگرچہ ہم خود بھی پچھلے چار مہینوں سے اس اسکوٹر کو استعمال نہیں کر رہے تھے لیکن ہر روز اس کی صفائی یوں کرواتے تھے جیسے ابھی اس پر بیٹھ کر چل نکلیں گے۔ اصل میں اس اسکوٹر سے ہمارا جذباتی رشتہ کچھ ایسا نازک ہے کہ ہم اسے لفظوں میں بیان نہیں کر سکتے۔ یہ ہمیں ۱۹۷۴ میں اُس وقت ملا تھا جب بجاج کے اسکوٹر حاصل کرنا جوئے شیر لانے سے کم نہ تھا۔ لوگ اس کی بکنگ کروانے کے بعد برسوں اسکوٹر کے انتظار میں جوتیاں چٹخاتے پھرتے تھے۔

اگر یہ کسی کو مل جاتا تو یوں محسوس ہوتا جیسے اس کی لاٹری نکل آئی ہے کیونکہ بلیک میں اس کے دام اس کے اصل دام سے دو ڈھائی گنا زیادہ ہوا کرتے تھے۔ شروع ہی سے ہمارا اصول رہا ہے کہ اپنی چادر کو دیکھ کر پاؤں پھیلاؤ بلکہ چادر چھوٹی ہو تو اس کے پھیلاؤ میں اضافہ کرنے کے بجائے اپنے پاؤں کو ہی کٹوالو۔ اسی لئے دہلی میں اپنے قیام کے ابتدائی ڈیڑھ برس میں ہمارے پاس ایک آٹو سائیکل ہوا کرتی تھی جس پر بیٹھ کر ہم دہلی کے جان لیوا فاصلوں کو قابو میں کرلیا کرتے تھے۔ یہ ۱۹۷۴ء کی بات ہے جب ہمارے کرم فرما مسٹر محمد علی کرناٹک کے وزیر ٹرانسپورٹ ہوا کرتے تھے۔ وہ جب بھی بنگلور سے دہلی آتے تو ہمیں بطور خاص یاد فرمایا کرتے تھے۔ جب تک وہ دہلی میں رہتے ہمارا زیادہ تر وقت ان ہی کے ساتھ گذرتا تھا۔ ایک

رات ہم دیر گئے کرناٹک بھون سے واپس ہونے لگے تو محمد علی صاحب نے اپنے ڈرائیور سے کہا کہ وہ ہمیں گھر چھوڑ آئے۔ اس پر ہم نے کہا "اس زحمت کی ضرورت نہیں ہے کیونکہ ہم اپنی سواری پر ہیں"۔ یہ سن کر محمد علی صاحب ہمارے ساتھ کرناٹک بھون سے باہر نکل آئے تاکہ یہ دیکھ سکیں کہ ہمارے پاس کونسی سواری ہے۔

جب ہم نے اپنی آٹو سائیکل نکالی تو محمد علی صاحب نے کہا "تم جیسے بڑے ادیب کو آٹوسائیکل پر گھومتے ہوئے شرم نہیں آتی؟"۔ ہم نے مذاق میں کہا "حضور! وزیر ٹرانسپورٹ آپ ہیں۔ بھلا مجھے شرمانے کی کیا ضرورت ہے؟" ہمارا یہ جملہ انھیں تیر کی طرح لگا۔ فوراً ہمارا ہاتھ پکڑ کر کرناٹک بھون میں واپس لے گئے۔ اپنے پرائیوٹ سکریٹری سے ایک کاغذ نکلوایا اور اس سادہ کاغذ پر ہمارے دستخط لے لئے۔ ہم نے سوچا کہ شاید ہمارے آٹو گراف لئے جارہے ہیں۔ اس کے بعد انھوں نے ہمیں گھر واپس جانے کی اجازت دیدی۔ دوسرے دن محمد علی صاحب کو بنگلور واپس جانا تھا۔ چوتھے دن ہم دفتر میں بیٹھے تھے کہ آصف علی روڈ سے بجاج اسکوٹر کے ایجنٹ کا فون آیا کہ حضور کرناٹک کے وزیر ٹرانسپورٹ نے اپنے خصوصی کوٹہ میں سے آپ کے لئے ایک اسکوٹر الاٹ کیا ہے۔

آکر لے جایئے۔ ہمیں یقین نہ آیا۔ دوسرے دن ہم وہاں پہنچے تو سچ مچ ایک نیا نویلا اسکوٹر ہمارا انتظار کر رہا تھا۔ ہمیں اچھی طرح یاد ہے کہ ہم نے اس وقت اس

کے دام ۴۴۴۴ روپئے ادا کئے تھے۔ ہم اسکوٹر لے کر گھر پہنچے تو اسی شام پٹنہ سے سہیل عظیم آبادی آگئے۔ وہ پہلے اردو ادیب تھے جنھیں اس اسکوٹر پر ہمارے ساتھ بیٹھنے کا شرف حاصل ہوا تھا۔ یوں نومبر ۱۹۷۴ء کے آخری ہفتہ میں ہم نے اس اسکوٹر کو دہلی کی سڑکوں پر چلانے کا آغاز کیا تھا۔ ہمیں یہ اسکوٹر اس لئے بھی عزیز رہا ہے کہ اسے ہمارے ایک بزرگ کرم فرما کی دین کی حیثیت حاصل تھی۔ اسے ہم نے ہمیشہ ان کی ایک انمول نشانی کے طور پر جی جان سے سنبھال کر رکھا۔ کبھی اس کی سروسنگ میں دیر نہ ہونے دی۔ چنانچہ اتنے برس گذر جانے کے بعد بھی آج بھی وہ نئے اسکوٹر کی طرح دکھائی دیتا ہے۔ ان دنوں دہلی میں موٹریں بھی کم تھیں اور اسکوٹر بھی۔ لہذا ہمارا یہ اسکوٹر ہماری پہچان اور ہم اس اسکوٹر کی پہچان بنتے چلے گئے۔

اس اسکوٹر کو حاصل کرنے کے بعد ہمیں یوں لگا جیسے دہلی کے سارے فاصلے سمٹ کر ہمارے ہاتھ کی لکیروں میں سمٹ گئے ہیں۔ بہت عرصہ پہلے ہمارے ایک اور کرم فرما ڈاکٹر ابوالحسن صدیقی نے ایک بار اسکوٹر چلانے والوں کے بارے میں اظہار خیال کرتے ہوئے کہا تھا" کبھی اسکوٹر نہ خریدو کیونکہ ہم نے آج تک کسی کتّے اور اسکوٹر چلانے والے کو آہستہ چلتے ہوئے نہیں دیکھا۔ ہمیشہ سرپٹ دوڑتا ہوا اور بلاوجہ بھاگتا ہو"۔ ان کا یہ بیان بعد میں سچ بھی ثابت ہوا کیونکہ اس اسکوٹر کے آنے کے بعد ہم خواہ مخواہ ہی نقل و حرکت میں رہنے لگے۔ دہلی کی کوئی سڑک اور کوئی گلی ایسی نہ تھی جہاں ہمارا اسکوٹر نہ گیا ہو۔ لوگ آج بھی دہلی کی گلیوں اور سڑکوں کے

بارے میں ہماری گہری واقفیت کو جان کر دانتوں میں انگلی دبا لیتے ہیں۔ یہ سب اسی اسکوٹر کا فیض ہے۔ دس برس پہلے تک اس کار فتار والا میٹر کام کرتا تھا۔ ایک دن ہم نے یونہی حساب لگایا تو اندازہ ہوا کہ ہم پوری دنیا کا دو مرتبہ اس اسکوٹر پر بیٹھ کر چکر لگا چکے ہیں۔ اس اسکوٹر پر بیٹھ کر ہم نے سیکڑوں نہیں بلکہ ہزاروں ادبی، سماجی اور تہذیبی محفلوں میں شرکت کی۔ یہاں تک کہ یہ اسکوٹر نہ صرف ہماری پہچان بن گیا بلکہ اسے ہم سے بھی زیادہ شہرت حاصل ہو گئی۔ ایک زمانہ میں ہم دیر سے گھر واپس جانے کے لئے بڑی شہرت رکھتے تھے۔

گھر واپس جانے کے لئے بسا اوقات ہم راتوں میں اُس وقت کی وزیر اعظم اندرا گاندھی کے گھر کے سامنے سے گذرا کرتے تھے۔ ۱۹۷۷ء میں ایمر جنسی لاگو ہوئی تو وزیر اعظم کی کوٹھی کے آس پاس حفاظتی انتظامات سخت کر دئے گئے۔ کبھی کبھار یہاں سے گذرنے والی گاڑیوں کی چیکنگ بھی ہو جایا کرتی تھی۔ کم از کم دو مرتبہ ایسا ہوا کہ رات ہم دیر گئے یہاں سے گذرنے لگے تو اچانک گاڑیوں کی چیکنگ شروع ہو گئی۔ چنانچہ ایک کانسٹیبل نے ہمارے اسکوٹر کو بھی روک لیا۔ لیکن ادھر ہم نے بریک لگایا اور ادھر دور کھڑے ہوئے ہیڈ کانسٹیبل نے پکار کر کانسٹیبل سے کہا "اسے جانے دو یہ ۳۵۷۸ ہے۔ یہ روز کی گاڑی ہے۔ اسے جانے دو"۔ اس وقت ہمیں احساس ہوا کہ ہمارا اسکوٹر اب ہم سے زیادہ مشہور ہو گیا ہے۔ اب آپ سے کیا بتائیں کہ کتنی ہی نامور ہستیوں نے اس کی پچھلی سیٹ پر بیٹھ کر ہمارے اسکوٹر کی

عزت میں اضافہ فرمایا ہے۔ اردو کا شاید ہی کوئی ایسا ادیب اور شاعر بچ رہا ہو جو اس اسکوٹر پر ہمارے ساتھ نہ بیٹھا ہو۔ یہاں تک کہ کرشن چندر اور راجندر سنگھ بیدی بھی دو ایک بار مختصر فاصلے تک اس پر بیٹھ چکے ہیں۔ یہ کہا جائے تو بیجا نہ ہوگا کہ سیکڑوں آرٹسٹوں، عہدیداران بالا، ارکان پارلیمنٹ اور سیاسی لیڈروں نے ہمارے اسکوٹر کو رونق بخشی ہے۔ نتیجہ میں بعض تو بعد میں مرکزی کابینہ میں وزیر بنے اور بعض تو ریاستوں کے وزرائے اعلی بھی بنے۔ لوگ کہاں سے کہاں پہنچ گئے لیکن ہم نے اپنے اسکوٹر کے ساتھ خوش اور مطمئن رہنے کو ضروری جانا۔

وفاداری بشرط استواری اسی کو تو کہتے ہیں۔ اگرچہ ملک کے مایہ ناز آرٹسٹ ایم ایف حسین بھی ہمارے اسکوٹر کو رونق بخش چکے ہیں لیکن پاکستانی آرٹسٹ صادقین مرحوم کو ہمارا اسکوٹر کچھ اتنا پسند تھا کہ ٹیکسی لے کر ہمارے گھر آتے تھے اور ہماری اسکوٹر پر بیٹھ کر دہلی کی سیر کو نکلتے تھے۔ واپسی میں ہمیں اور ہمارے اسکوٹر کو گھر چھوڑ کر پھر ٹیکسی میں بیٹھ کر اپنے ٹھکانے پر روانہ ہو جاتے تھے۔ جتنی دیر پیچھے بیٹھے تھے اتنی دیر تک اپنی انگشت شہادت کی مدد سے ہماری پیٹھ کر یا تو کوئی خیالی تصویر بنایا کرتے تھے یا آیات قرآنی کی خطاطی فرماتے تھے۔ گرمی کے دنوں میں ایک رات پاکستانی گلوکار غلام علی ہمارے اسکوٹر کی پچھلی سیٹ پر بیٹھ گئے۔ شدید حبس کا عالم تھا۔ وہ چاہتے تھے کہ اس حبس سے بچنے کے لئے ہم یونہی اسکوٹر چلاتے رہیں لیکن مشکل یہ تھی کہ وہ پیچھے بیٹھے بیٹھے کوئی نہ کوئی راگ الاپنا شروع کر دیتے تھے۔

نتیجہ میں ہمیں آگے بیٹھے بیٹھے پیٹھ پیچھے الٹی داد بھی دینی پڑتی تھی۔ بیشتر اردو شاعروں کو اپنے اسکوٹر پر بٹھانے کی وجہ سے ہمیں اس طرح کے پوز میں داد دینے کی خاصی مہارت حاصل ہوگئی تھی۔ اب کیسے بتائیں کہ اس اسکوٹر سے ہماری کتنی ہی قیمتی اور خوبصورت یادیں وابستہ ہیں۔ ہم ان نامور خواتین کے نام یہاں نہیں لکھنا چاہتے جنھوں نے ہمارے اسکوٹر کی پچھلی سیٹ کو رونق بخشی ہے کیونکہ اس میں کچھ پردہ نشینوں کے نام بھی آتے ہیں (ایک تو ہماری اہلیہ محترمہ ہی ہیں)۔

ستائیس برس کے لمبے عرصے میں دو مرتبہ ہم اس اسکوٹر سے گرے بھی لیکن بعد میں اس کی کچھ ایسی مرمت کروائی کہ یہ بالکل نیا نظر آنے لگا۔ اگرچہ پانچ چھ برس پہلے ہمارے پاس موٹر بھی آگئی تھی۔ ہم اس میں بیٹھے ضرور لیکن اسے ہمارے بچے ہی چلاتے رہے۔ جب بھی ہم اکیلے نکلے اپنے اسکوٹر پر ہی نکلے۔ چار پانچ مہینے پہلے جب گھٹنوں کی سرجری کے بعد ہم اس کو چلانے کے قابل نہیں رہ گئے اور بعد میں دہلی کی سرکار نے بھی اس اسکوٹر کو دہلی کی سڑکوں پر چلنے کی قابل نہیں رکھا اور ایک کباڑی والا چار سو روپیوں میں اسے خریدنے کے ارادہ سے ہمارے گھر کے چکر لگانے لگا تو ہم نے پچھلے دنوں اپنے اس اسکوٹر کو بادیدہ نم پورے ایک ہزار روپئے خرچ کر کے حیدرآباد روانہ کر دیا تاکہ یہ یاقوت پورہ میں ہمارے بڑے بھائی کے داماد عبد الجبار کے گھر میں محفوظ رہ سکے۔ جس اسکوٹر کی رفاقت میں ہم نے اپنی زندگی کے کئی مرحلے طے کئے تھے آج وہ حیدرآباد میں چپ چاپ کھڑا ہے۔ دہلی

میں بیٹھ کر ہم جب بھی اس اسکوٹر کو یاد کرتے ہیں تو داغؔ کا شعر یاد آجاتا ہے۔

ہوش و حواس، تاب و تواں داغؔ جا چکے
اب ہم بھی جانے والے ہیں سامان تو گیا

***

آم اب عام نہیں رہے

قدرت کے کھیل بھی بڑے نرالے ہیں۔ اس نے آم کو ہندوستان میں پیدا کیا بہت اچھا کیا لیکن اس کو کھانے کا طریقہ امریکہ اور یوروپ کے باسیوں کو سکھا دیا۔ آم کو ہم بچپن سے کھا رہے ہیں لیکن جب تک ہم نے ہالی ووڈ کی فلمیں نہیں دیکھی تھیں جن میں ہیروئنیں اور ہیرو بات بات پر ایک دوسرے کو آم سمجھ لیتے ہیں اور سلوک بھی ایسا ہی کرتے ہیں تب تک ہمیں بھی معلوم نہیں تھا کہ آم کو کھانے کا اصل طریقہ کیا ہے۔ بعد میں جب ہم یوروپ اور امریکہ گئے تو ہم نے وہاں آم کھانے کی باضابطہ ٹریننگ بھی حاصل کی۔ کیا کریں ہم ہندوستانیوں کی مجبوری یہ ہے کہ آم کھانے سے لے کر انجینئرنگ اور میڈیسن کی اعلیٰ تعلیم حاصل کرنے تک ہر کام کو سیکھنے کے لئے ہمیں امریکہ اور یوروپ جانے کی عادت سے پڑ گئی ہے۔ بہر حال ہم نے وہاں آم کھانے میں وہ مہارت حاصل کی کہ آج ہم کبھی آم کھاتے ہیں تو ہمارے ایک دوست جو ہماری ہی عمر کے ہیں اکثر کہتے ہیں کہ "میاں جب تم دسہری اور چوسہ کھاتے ہو تو نہ جانے کیوں مجھے جینالولو برجیدہ اور صوفیہ لارین کی بے ساختہ یاد آ جاتی ہے"۔ اپنی عمر کے حساب سے وہ ہمیشہ پچھلے موسموں کے

پھلوں کو ہی یاد کرتے ہیں۔ ہم نے ایک امریکی دوست سے کہا بھی تھا کہ "بھیا! یہ جو تمہاری فلموں میں بات بات پر ندیدہ پن نظر آجاتا ہے تو اس کی جگہ تم لوگ سیدھے سیدھے آم کیوں نہیں کھا لیتے؟" بولے "میاں! پہلی بات تو یہ ہے کہ آم ہمارے ملک میں نہیں ملتا اور اگر ملتا بھی ہے تو بہت مہنگا ملتا ہے۔ ہم ٹھہرے کاروباری لوگ۔ ہم تو سستی چیز کے پیچھے ہی بھاگتے ہیں"۔ ہم نے کہا" مگر ذائقہ بھی تو ایک چیز ہے"۔ بولے "جن ملکوں میں آم نہیں ہوتا وہاں کے لوگ اپنا ذائقہ آپ پیدا کر لیتے ہیں۔ آپ بھی کس چکر میں پڑ گئے۔ آپ آم کھانے سے مطلب رکھئے۔ پیڑوں کو کیوں گنتے ہیں"۔

حضرات! معاف کیجئے۔ ہم خواہ مخواہ ہی پیڑوں کو گننے میں لگ گئے۔ ہمیں تو آموں کے بارے میں کچھ کہنا تھا اور ہم بلاوجہ ہی اس کے کھانے کے طریقوں میں الجھ گئے۔ جب ہالی ووڈ میں فلمیں نہیں بنتی تھیں تو تب بھی اس ملک میں لوگ جیسے تیسے آم کھا لیا کرتے تھے۔ یہ اور بات ہے کہ ناتجربہ کاری کی وجہ سے آموں کا رس پوری طرح چوسا نہیں جا سکتا تھا۔ لیکن اس کی کس کو پرواہ تھی کیونکہ اس زمانہ میں آم بھی تو بہت ہوتے تھے اور میٹھے بھی ہوتے تھے۔

آم ہمارا قوم پھل ہے۔ یہی وجہ ہے کہ کیا بچہ اور کیا بوڑھا ہر کوئی اسے پیڑ سے گرانے کے لئے پتھر مارتا رہتا ہے۔ ہم ہندوستانیوں کی عادت ہے کہ جس چیز کو بھی قومی بنا دیتے ہیں اسے مارنے کو دوڑتے ہیں۔ آم تو خیر "راشٹریہ پھل" ہے۔ ہم نے

تو اپنے "راشٹر پتا" کو بھی نہیں چھوڑا۔ آپ نے ہمیں آموں کے سلسلہ میں ہونے والی اس محفل میں بلا کر سچ مچ ہمارے سینہ پر ایک تیر مارا ہے۔ کیوں کہ ہم اس خاندان سے تعلق رکھتے ہیں جس کے آموں کے باغ کسی زمانہ میں بڑی شہرت رکھتے تھے۔ پھر زندگی نے ہمیں کچھ ایسے سبز باغ دکھائے کہ ان باغوں کو چھوڑ کر شہروں میں رہنے لگے۔ آموں کا موسم آتا تھا تو آم کے پیڑوں پر آم کم لٹکتے ہوئے دکھائی دیتے تھے اور ہم ہی ان کی ٹہنیوں پر زیادہ لٹکتے ہوئے پائے جاتے تھے۔ غرض جب سے ہمارے آموں کے باغ چھن گئے ہیں تب سے ہمارا شمار بھی عوام میں ہونے لگا ہے۔ یوں بھی آم میں اور عوام میں بہت زیادہ فرق نہیں ہوتا کیونکہ دونوں ہی چوسنے کے کام آتے ہیں۔ سرکار، افسر، بیوپاری، پونجی پتی کون ہے جو عوام کو نہیں چوستا، آم کو چوسنے کے بعد کم از کم اس کی گٹھلی تو چھوڑ دی جاتی ہے مگر عوام کو ایسی بیدردی کے ساتھ چوسا جاتا ہے کہ بعض اوقات تو ان کی استھیاں بھی نہیں مل پاتیں۔ اس کا مطلب یہ نہیں کہ عوام کا ذائقہ بھی آم کی طرح لذیذ ہوتا ہے۔ جو لوگ عوام کو چوستے ہیں وہ جانتے ہیں کہ عوام کا ذائقہ پانچ سال میں ایک مرتبہ اُس وقت بہت تلخ ہو جاتا ہے جب عوام ووٹ دینے کے لئے آتے ہیں۔ لیکن جب سے ووٹوں اور نوٹوں میں ایک تال میل پیدا ہو گیا ہے تب سے عوام کے ذائقہ کی تلخی بھی کم ہوتی جا رہی ہے۔ اسی لئے تو کہاوت مشہور ہے کہ "عوام کے عوام ووٹوں کے دام"۔

چاہے کچھ بھی ہو ہر کوئی آم کا رسیا ہے۔ آدمی تو پھر آدمی ہے۔ مرزا غالب بھی آموں کے دیوانے تھے۔ ایک ریسرچ اسکالر نے تو یہاں تک کہا ہے کہ غالب آم کے موسم میں شعر نہیں کہتے تھے۔ صرف آم ہی کھاتے رہتے تھے۔ ایسے میں کوئی انھیں ڈسٹرب کرتا تو اس پر اپنے شعروں سے حملہ نہیں کرتے تھے، گٹھلی پھینک کر مارتے تھے۔ آم ہی ایک ایسا پھل ہے جس میں ایک ہتھیار چھپا ہوتا ہے۔

کہتے ہیں غالب کے ایک دوست کو آموں سے چڑ تھی۔ ایک دن دونوں بازار سے گزر رہے تھے تو دیکھا کہ گلی میں پڑے ہوئے ایک آم کو ایک گدھے نے پہلے تو سونگھا، کچھ سوچا پھر اسے کھائے بغیر آگے کو نکل گیا، اس منظر کو دیکھ کر مرزا غالب کے دوست نے کہا" دیکھئے، غالب صاحب! گدھا بھی آم نہیں کھاتا"۔

اس پر غالب نے کہا" حضور! میں جانتا ہوں کہ گدھا ہی آم نہیں کھاتا"۔

مگر یہ پرانی بات تھی جب گدھے کسی وجہ سے آم نہیں کھاتے تھے۔ مگر آج حالات اتنے بدل گئے ہیں کہ ہم جس آدمی کو بھی آم کھاتا ہوا دیکھ لیتے ہیں تو اسے گدھا سمجھنے لگتے ہیں۔ پچھلے دنوں ہمارے ایک دوست نے ہماری آنکھوں کے سامنے پورے سو روپیوں میں ایک بڑا الفانسو آم خرید لیا تو ہمیں اس کا ثبوت بھی مل گیا۔ گدھا بڑا ہوشیار جانور ہے۔ اس نے ایک صدی پہلے ہی بھانپ لیا تھا کہ ایک دن آم پینتالیس پچاس روپے فی کیلو کے حساب سے بکے گا۔ یہ اس بات کا ثبوت ہے کہ آدمی ہی سب سے بڑا گدھا ہے اور گدھا ہی سب سے بڑا انسان ہے۔ آموں کی

مہنگائی کی وجہ سے ہی ہم آم تو نہیں خریدتے لیکن ان کے دام ضرور پوچھ لیتے ہیں۔ ایک فروٹ مرچنٹ سے ہم لگاتار چھ دنوں تک آم کے دام پوچھتے رہے۔ ساتویں دن ہم اس کی دکان پر گئے تو اس سے دام تو نہیں پوچھا البتہ بڑی دیر تک للچائی نظروں سے صرف آموں کو دیکھتے رہ گئے۔ اس پر دکاندار نے پہلے تو اپنے آموں کو کپڑے سے اچھی طرح ڈھک لیا۔ پھر بولا "آپ دام پوچھیں گے یا میں ہی آپ کو بتا دوں؟"۔

ہم نے کہا "میاں! ہمیں تو ایک ایسے پھل کی تلاش ہے جس کے بارے میں سنا ہے کہ بہت میٹھا ہوتا ہے۔ لوگ اسے صبر کا پھل کہتے ہیں، مل جائے گا تمہارے پاس؟"۔ دکاندار بولا "اب تمہیں زیادہ دن صبر نہیں کرنا پڑے گا۔ ساٹھ پینسٹھ کے تو لگتے ہی ہو۔ دو چار برس اور صبر کرلو تو صبر کا یہ پھل تمہیں دوسری دنیا میں جلد ہی ملے گا۔ اس دنیا میں تو یہ نہیں ملتا۔ اس وقت تو لنگڑے سے کام چلالو ورنہ اپنا راستہ ناپو"۔

اسی لئے تو ہم کہتے ہیں کہ ایک زمانہ میں آم صرف دو قسم کے ہوتے تھے۔ کاٹنے کے اور چوسنے کے۔ اب دیکھنے کے آم بھی ہونے لگے ہیں۔ یہ الگ بات ہے کہ ذائقہ اور صورت شکل کے اعتبار سے آموں کی بھی اتنی ہی قسمیں ہوتی ہیں جتنی کہ عورتوں کی ہیں۔ پھر لطف کی بات یہ کہ دونوں میں بہت سی باتیں ایک جیسی بھی پائی جاتی ہیں۔

آپ نے دیکھا ہوگا کہ بعض بہت خوبصورت اور حسین عورتیں اندر سے بہت تلخ، ترش اور کڑوی کسیلی ہوتی ہیں۔ صورت اور سیرت میں جو فرق ہوتا ہے اس کا اندازہ ہمیں آم کھانے کے بعد ہی ہوتا ہے۔ جو لوگ آم اور عورت کی خوبی کا اندازہ اس کی صورت سے لگاتے ہیں وہ ہمیشہ گھاٹے میں رہتے ہیں۔ اکثر ایسا ہوا کہ کسی آم کی صورت تو ہمیں بہت خراب لگی لیکن جب کھایا تو طبیعت باغ باغ ہوگئی۔ یہ بات ہم اپنے ذاتی تجربہ کی بنا پر کہہ رہے ہیں کیونکہ پچھلے پچاس برسوں سے ہم ایک ایسے ہی آم کے ساتھ ہنسی خوشی زندگی گزار رہے ہیں۔

یہ بھی بتاتے چلیں کہ ہم چوسنے کے آم ہی کھانا زیادہ پسند کرتے ہیں۔ کاٹنے والے آم اس لئے نہیں کھاتے کہ تین آم کھانے ہوں تو ڈیٹول کی پوری ایک شیشی خرچ کرنی پڑتی ہے۔ آموں کے سینکڑوں نام بھی ہوتے ہیں۔ بڑے کیوٹ (cute) اور مزیدار۔ بعض نام تو ان آموں کے قلمی نام (Pen Name) ہوتے ہیں۔ لیکن ہمیں تو لنگڑا بہت پسند ہے۔ کسی نے اس کی شکل وصورت کو دیکھ کر مذاق میں اس کا نام لنگڑا رکھ دیا تھا۔ لیکن اس آم نے الٹا نام رکھنے والے کا مذاق اڑانے کی ٹھان لی۔ چنانچہ اب یہ آم جتنا چلتا ہے کوئی اور آم نہیں چلتا بلکہ اسے تو آموں کا ملکھا سنگھ بھی کہا جاسکتا ہے۔

یہ بھی ایک حقیقت ہے کہ بعض قصبے صرف آموں کی وجہ سے بڑی شہرت رکھتے ہیں۔ ملیح آباد کو ہی لیجئے۔ اگر یہاں آم نہ ہوتے تو بھلا بتایئے ملیح آباد کو کون

جانتا۔ یہ ضرور ہے کہ ایک زمانہ میں جوش ملیح آبادی نے یہ چاہا تھا کہ ملیح آباد کی شہرت ان کے نام کی وجہ سے بھی ہو۔ لیکن زمانہ کی دوڑ میں ملیح آباد کے آم پھر آگے کو نکل گئے اور حضرت جوش ملیح آبادی پیچھے رہ گئے۔ اس کا ثبوت یہ ہے کہ جوش ملیح آبادی جب پاکستان گئے اور وہاں ان کا تعارف پاکستان کے اُس وقت کے صدر اسکندر مرزا سے کرایا گیا کہ ان سے ملئے یہ جوش ملیح آبادی ہیں تو اسکندر مرزا نے چھوٹتے ہی کہا:

"اچھا تو آپ ملیح آباد کے رہنے والے ہیں جہاں کے آم بڑے مشہور ہیں"۔

اس کے بعد اسکندر مرزا نے جوش ملیح آبادی سے ملیح آباد کے آموں کے بارے میں تو بہت کچھ پوچھا لیکن ان کی شاعری کے بارے میں کچھ بھی نہیں پوچھا۔

آخر میں ہم الہ آباد کے حوالے سے ہی اپنی بات کو ختم کرنا چاہیں گے۔ کئی برس پرانی بات ہو گی جب جواہر لال نہرو الہ آباد کے آنند بھون میں رہا کرتے تھے۔ یہی گرمیوں کے دن تھے بلکہ مہینہ بھی شاید یہی تھا۔ ہو سکتا ہے تاریخ بھی یہی رہی ہو۔ اندرا گاندھی فیروز گاندھی سے شادی کرنے کے بعد ہنی مون منانے کے لئے کشمیر گئیں تو وہاں کی ٹھنڈی ہواؤں نے انھیں مسحور کر دیا۔ ایسے میں انھیں اچانک نہرو جی کا خیال آیا کہ وہ تو الہ آباد کی سخت گرمی میں پریشان ہوں گے۔ لہذا انھوں نے ہمدردی کے طور پر نہرو جی کو لکھا کہ کاش میں آپ کے لئے کشمیر کی کچھ ٹھنڈی ہوائیں الہ آباد بھیج سکتی۔ اس پر جواہر لال نہرو نے اندرا جی کو

لکھا:

"بیٹی! مجھے تو تم پر ترس آرہا ہے۔ کشمیر میں بھلے ہی ٹھنڈی ہوائیں تمہارے ساتھ ہوں گی لیکن تمہارے پاس دسہری اور ثمر بہشت تو نہیں ہیں"۔

اور یہ کتنے افسوس کی بات ہے کہ اتنے برس گزر جانے کے بعد آج نہ تو کشمیر میں ٹھنڈی ہوائیں ہیں اور نہ ہی الہ آباد میں دسہری اور ثمر بہشت نظر آتے ہیں۔

***

بینگن کا بول بالا

دہلی میں ہمارے ایک جگری دوست ہیں سردار اوتار سنگھ جج۔ انگریزی کے صحافی ہیں، لیکن پنجابی اور اُردو پر بھی گہری قدرت رکھتے ہیں۔ ایسے زندہ دِل اور فقرہ باز انسان ہیں کہ جس محفل میں بھی موجود ہوتے ہیں، اسے اپنی دلچسپ باتوں کے ذریعہ قہقہہ زار بنا دیتے ہیں۔ بیس پچیس برس پہلے کافی ہاؤس میں ایک دن انھوں نے ہم سے پوچھا "یار! یہ اُردو والے اچھی خاصی اُردو بولتے بولتے اچانک بیچ میں فارسی کے کچھ الفاظ بھی بول دیتے ہیں، جیسے خورد و نوش... یہ کیا ہوتا ہے؟" ہم نے کہا "کھانا پینا"۔ پوچھا "اور یہ گفت و شنید؟" ہم نے کہا "کہنا سننا"۔ بڑی معصومیت سے بولے "اوّل الذکر بہت اچھی چیز ہے۔ جب بھی ایسی کوئی صورت پیدا ہو تو مجھے ضرور یاد کرنا، البتہ موخر الذکر چیز یعنی گفت و شنید سے مجھے ہمیشہ دُور رکھنا"۔

اوتار سنگھ جج کی یاد آج ہمیں اس لئے آگئی کہ پچھلے کچھ عرصہ سے ہم اپنے کالم میں "خورد و نوش" کے چکر میں پھنسے ہوئے ہیں۔ پہلے آٹے دال کا بھاؤ معلوم کرتے رہے اور آج ہمیں اپنی مرغوب سبزی بینگن کے بارے میں اظہار خیال کرنا پڑ رہ

ہے۔ کچھ دن پہلے انگریزی اخبار "ہندو" میں مرکزی وزیر ماحولیات اور جنگلات جے رام رمیش کی تصویر شائع ہوئی تھی جس میں دیکھا کہ موصوف اپنی گردن میں دس بارہ خوبصورت بینگنوں کی مدد سے تیار کیا گیا ہار پہنے کھڑے ہیں اور زبردستی مسکرانے کی کوشش فرمارہے ہیں (زبردستی مسکرانے کا ذکر اس لئے کیا گیا ہے کہ موصوف کے گلے میں یہ ہار احتجاجی مظاہرین نے پہنایا تھا)۔ جے رام رمیش کو ہم نے بیسیوں بار دہلی کے انڈیا انٹر نیشنل سنٹر میں دیکھا ہے جہاں یہ اپنے احباب سے ملنے کے لئے پابندی سے آتے ہیں۔ بے حد خوش شکل، وجیہہ و شکیل شخصیت کے مالک ہیں۔ ہمیں ان کی وجاہت اس لئے بھی پسند آتی ہے کہ ان کے سر پر جو گھنے بال ہیں، وہ ہماری نوجوانی کے دنوں کے بالوں سے بہت مشابہ ہیں۔ غالباً یہ ان کی شخصیت کا ہی کمال ہے کہ تصویر میں بینگنوں کا جو ہار ان کے گلے میں نظر آرہا ہے، اس میں شامل بینگن بھی ہمیں خوبصورت اور وجیہہ و شکیل نظر آرہے ہیں۔ یہ الگ بات ہے کہ یہ بینگن خالص ہندوستانی ہیں جب کہ جے رام رمیش ملک میں امریکہ کے بی ٹی بینگنوں (BT Brinjal) کی فصل اُگانے اور اسے مقبول بنانے کی کوشش کررہے ہیں۔

ہم سبزیوں کے بارے میں زیادہ معلومات نہیں رکھتے۔ بھنڈی، آلو، بینگن، ٹماٹے، اروی، شلغم، چقندر، گوبھی، پیاز، لوکی (جسے ہم دکن میں کدو کہتے ہیں)، مولی، ککڑی، وغیرہ جیسی سبزیوں کے ذائقہ سے ہماری زبان ضرور آشنا ہے۔ تاہم

ان کے طریقۂ کاشت اور فصل وغیرہ کے بارے میں کچھ بھی نہیں جانتے، تاہم باورچی خانہ میں جس طرح کے ہاتھ ان سبزیوں کو پکاتے ہیں، ان کی مہارت یا اناڑی پن کے حساب سے یہ سبزیاں ہمیں حسب توفیق اچھی یا بُری معلوم ہوتی ہیں۔ ہمارا ذاتی خیال یہ ہے کہ پکوان کا اصل ذائقہ اُسے پکانے والی کے ہاتھوں میں ہوتا ہے، سبزیوں میں نہیں۔ جے رام رمیش کا کہنا ہے کہ امریکہ کے بی ٹی بینگن، کاشت کی جدید ٹکنالوجی کی مدد سے اُگائے جاتے ہیں۔ ان بینگنوں میں کچھ ایسے جینس (Genes) کو داخل کیا جاتا ہے جن کی وجہ سے ان میں کیڑے بالکل نہیں پیدا ہوتے اور یہ زیادہ مدت تک تر و تازہ بھی رہتے ہیں اور سب سے بڑی خوبی یہ ہے کہ اس کے ایک بینگن کی جسامت ہمارے دس بارہ بینگنوں کے برابر ہوتی ہے۔ گویا اس جسامت کے دس بارہ امریکی بینگنوں کا ہار اگر خدانخواستہ وزیر زراعت کی گردن میں ڈال دیا جائے تو وہ حکومت کا بوجھ اُٹھانے کے قابل بھی نہیں رہ پائیں گے۔ ان بینگنوں کی دوسری خوبی یہ بھی ہے کہ اس کی فصل سال میں کئی بار اُگائی جاسکتی ہے۔ تاہم ملک کے کسان اور بعض ماہرین زراعت بینگن کی اس جدید نسل کی فصل کو اپنے ملک میں اُگانے کی مخالفت کر رہے ہیں۔

ہمیں ان بینگنوں کے محاسن اور عیوب کے بارے میں کچھ نہیں کہنا ہے، کیونکہ ہم کوئی ماہر زراعت تو ہیں نہیں کہ اس موضوع پر کچھ اظہارِ خیال کر سکیں۔ یوں بھی دیسی بینگن ہماری پسندیدہ سبزی ہے، کیونکہ یہ نہ صرف سستی ہوتی ہے بلکہ

ہمارے سیاسی رہنماؤں کی رہنمائی کا فریضہ بھی انجام دیتی ہے۔ جن لوگوں کو حیدرآباد کے بگھارے بینگن کھانے کا اور عملی سیاست میں تھالی کے بینگنوں کو دیکھنے اور انھیں برتنے کا موقع ملا ہے، وہ جانتے ہیں کہ بینگن کتنے کام کی سبزی ہے۔ یوں تو بینگن ساری دنیا میں پیدا ہوتے ہیں، لیکن انھیں شہرت صرف حیدرآباد میں ملی، کیونکہ حیدرآبادی خواتین باتیں بگھارنے کے علاوہ ان بینگنوں کو مخصوص ڈھنگ سے بگھارنے کا ایسا انوکھا سلیقہ جانتی ہیں کہ انھیں کھانے والا بس اُنگلیاں چاٹتا رہ جاتا ہے۔

بے شک، حیدرآباد اپنی بریانی کے لئے بھی شہرت رکھتا ہے، لیکن جب تک اس بریانی کو بگھارے بینگن کے ساتھ نہ کھایا جائے، یہ حلق سے نیچے نہیں اُترتی۔ شمالی ہند میں بینگن کا بھرتہ بھی بڑے شوق سے کھایا جاتا ہے، لیکن اس میں وہ بات نہیں ہوتی جو حیدرآباد کے بینگنوں میں پائی جاتی ہے۔ بینگنوں کی جدید امریکی نسل کے بارے میں کہا جارہا ہے کہ اس میں کیڑوں کے داخل ہونے کی کوئی گنجائش نہیں ہوگی جب کہ ہمارے اکثر دیسی بینگنوں کو کاٹنے پر پتہ چلتا ہے کہ ان میں کیڑے بکثرت پائے جاتے ہیں۔ ہم تو خیر پکوان کے بارے میں کچھ بھی نہیں جانتے، لیکن ہمارے ایک ماہر پکوان دوست کا کہنا ہے کہ پکے ہوئے بینگن میں ذائقہ بینگن کے بیجوں کی وجہ سے پیدا نہیں ہوتا بلکہ ان کیڑوں کی وجہ سے پیدا ہوتا ہے، جو بینگن کے بیجوں میں کچھ اس طرح شیر و شکر ہو جاتے ہیں کہ بیجوں اور کیڑوں میں فرق

کرنا دشوار ہو جاتا ہے۔ اس اعتبار سے بینگن کا سالن جہاں ویجیٹیرین ہوتا ہے، وہیں نان ویجیٹیرین بھی ہوتا ہے۔ بہر حال، یہ مسئلہ ایسا ہے جس پر ماہرین پکوان کو غور کرنا چاہئے۔ بینگن کو بعض لوگ 'سبزیوں کا سرتاج' بھی کہتے ہیں، کیونکہ اس کے سر پر ایک تاج ہوتا ہے جو دیکھنے میں بہت بھلا معلوم ہوتا ہے۔ یہ الگ بات ہے کہ کھانے والے احتراماً اس تاج کو نہیں کھاتے۔

ہمیں یہ تسلیم کرنے میں کوئی عار نہیں کہ امریکہ کی دریافت کے بعد دُنیا کئی سبزیوں اور پھلوں سے روشناس ہوئی۔ مثال کے طور پر آلو آج دُنیا کے ہر براعظم اور ہر خطہ میں پیدا ہوتا ہے، لیکن امریکہ کی دریافت سے پہلے یہ امریکہ کے سوائے کسی اور براعظم میں پایا نہیں جاتا تھا۔ امریکہ سے نکل کر یہ دُنیا میں ہر جگہ ایسا پھلا پھولا کہ آج ساری دُنیا امریکہ کے آلو کلچر (Potato Culture) کی گرفت میں آ چکی ہے۔ بہر حال، اس وقت بات بینگن کی ہو رہی ہے اور قیاس اغلب ہے کہ یہ سبزی ہندوستان میں ہزاروں سال سے موجود ہے۔ اس کا ثبوت یہ ہے کہ ہمارے سماج میں تھالی کے بینگنوں کا چلن بھی ہزاروں برس سے جاری و ساری ہے۔ جدھر جائیے، تھالی کے بینگنوں کا بول بالا ہے، کیونکہ ان میں لڑھکنے کی زبردست صلاحیت پائی جاتی ہے۔

ہمارا مشورہ تو یہ ہے کہ امریکہ کے ماہرین زراعت ہمارے بینگنوں پر اپنا وقت اور توانائیاں ضائع کرنے کی بجائے ہمارے ملک میں پھیلے ہوئے تھالی کے بینگنوں کی

مناسب افزائش کی جانب توجہ کریں۔ ان میں کچھ ایسے Genes داخل کریں کہ ان کے لڑھکنے میں استقامت پیدا ہو اور ان کے نظریات میں استحکام کے امکانات فروغ پائیں، لیکن ہمیں اندیشہ ہے کہ امریکہ کے ماہرین زراعت اور ماہرین سماجیات اس طرف کوئی توجہ نہیں کریں گے۔ کیونکہ امریکہ کو دُنیا میں اپنی برتری اور افضلیت کو برقرار رکھنے کے لئے قدم قدم پر تھالی کے بینگنوں کی ضرورت پیش آتی رہتی ہے۔ چنانچہ آج دنیا میں کئی ممالک ایسے ہیں جن کی حیثیت تھالی کے بینگن کے سوائے کچھ بھی نہیں۔ امریکہ کے ماہرین زراعت جب بینگنوں کی جسامت میں کئی گنا اضافہ کرنے کے خواہش مند ہیں تو امریکہ کے ماہرین سماجیات سے یہ ڈر ہو رہا ہے کہ کہیں وہ خود امریکہ کی جسامت میں اتنا اضافہ نہ کر دیں کہ اس میں ساری دنیا ہی سما جائے۔ آخر میں ہم یہ عرض کرنا چاہیں گے کہ امریکہ ہمارے بینگن کو اس کے حال پر چھوڑ دے، کیونکہ یہی وہ سبزی ہے جو آسانی سے اس ملک کے غریبوں کو میسر آجاتی ہے۔ آپ نے دیکھا ہوگا کہ ملک میں ٹماٹروں کی قلت ہو جاتی ہے۔ آلو بھی عنقا ہو جاتے ہیں، کبھی پیاز بھی غائب ہو جاتی ہے، لیکن بینگن کی قلت کے بارے میں کبھی نہیں سنا۔ پھر ہمارے حیدرآبادی بگھارے بینگن کے سالن کو دیکھا کہ یہ کبھی باسی ہونے کا نام نہیں لیتا بلکہ جوں جوں اس کی تاریخ پکوان یا تاریخ پیدائش میں اضافہ ہوتا جاتا ہے، اس کے ذائقہ کا عہد شباب بھی تر و تازہ ہوتا چلا جاتا ہے۔ پھر بینگن ایک پُرامن اور بے ضرر سی سبزی ہے۔

ٹماٹو کو دیکھئے کہ جب یہ خراب ہونے لگتا ہے تو یہ بطور احتجاج سیاسی جلسوں اور مشاعروں میں پھینکنے کے کام آتا ہے جس کی وجہ سے سیاسی لیڈروں اور شاعروں کا حلیہ بگڑ جاتا ہے۔ بینگن میں سوائے بیجوں کے اور کوئی چیز ہوتی ہی نہیں جو دوسروں کا کچھ بگاڑنے کے کام آسکے۔ بینگن کی اسی بے توقیری اور بے سروسامانی کا نتیجہ ہے کہ دکنی محاوروں میں اسے سالن بنانے سے کہیں زیادہ استعمال کیا جاتا ہے، جیسے آپ کیا بینگن کام کرتے ہیں؟ آپ کسی چیز کے بارے میں بینگن بھی نہیں جانتے؟ آپ نے ہماری عزت بینگن میں ملا دی! آپ میرا کام نہیں کرتے تو بینگن ستی... وغیرہ وغیرہ۔ اس سبزی کو آپ جدید ٹکنالوجی اور وہ بھی امریکی ٹکنالوجی سے دُور ہی رکھیں تو اچھا ہے۔

***

پیٹ بڑا بدکار ہے

آپ نے ایسی خبریں تو ضرور پڑھی ہوں گی کہ ڈاکٹر نے کسی مریض کے پیٹ میں سے رسولی کو نکالنے کی غرض سے پیٹ کی سرجری کی۔ رسولی کو تو باہر نکال لیا لیکن غفلت میں سرجری کی قینچی پیٹ میں رکھ کر بھول گئے۔ جب بھولی ہوئی قینچی کی یاد آئی تو تب تک ڈاکٹر صاحب کو یہ یاد نہیں رہا کہ وہ اس قینچی کو کون سے مریض کے پیٹ میں کب اور کہاں رکھ کر بھول گئے ہیں۔ لہذا پیٹ کے سارے سابق مریضوں کی خدمت میں اپنے کارندے اس پیغام کے ساتھ بھجوائے کہ جناب آپ کے پیٹ میں ہماری قینچی رہ گئی ہو تو براہ کرم واپس کر دیں۔ اس کے جواب میں بعض سمجھ دار مریضوں نے لوٹے لے کر مذکورہ قینچی کی تلاش شروع کر دی۔ جو ناسمجھ تھے وہ کارندوں سے بحث کرنے لگے کہ تمہارے ڈاکٹر صاحب کبھی مریض سے فیس وصول کرنا تو نہیں بھولتے مگر قینچی کو مریض کے پیٹ میں رکھ کر کیسے بھول جاتے ہیں۔

ایسے میں کارندہ بھی اگر اتفاق سے ناسمجھ ہو تو مریض کو سمجھانے لگتا ہے " میاں ایسا کنگال زمانہ آگیا ہے کہ آدمی آج اپنی کوئی بھی چیز کہیں نہیں بھولتا، مگر پھر

بھی گڑبڑ ہو جاتی ہے۔ یوں بھی دوسرے کے پیٹ میں اپنی کوئی چیز چلی جائے تو چیز کا مالک کبھی اس صورتحال کو برداشت نہیں کرتا کیونکہ ہر آدمی کی خواہش یہ ہوتی ہے کہ اس دنیا میں جتنا بھی مال ہے وہ سب اسی کے پیٹ میں جائے۔ تبھی تو ایک دوسرے کا پیٹ کاٹنے کی نوبت آتی جاری ہے۔ اب اگر ڈاکٹر صاحب کہہ رہے ہیں کہ تمہارے پیٹ میں ان کی قینچی رہ گئی ہے تو ہو سکتا ہے غلطی سے رہ گئی ہو۔ پھر وہ اپنی ہی قینچی مانگ رہے ہیں تمہاری قینچی تو نہیں مانگ رہے ہیں کہ تم خفا ہونے لگو۔ ان دنوں ایک پیسے کی چیز بھی کوئی دوسرے کے پیٹ میں یوں ہی نہیں چھوڑتا، پھر یہ تو قینچی ہے۔ دیا سلائی کی ڈبیہ نہیں ہے کہ اسے تمہارے پیٹ میں رہنے دیا جائے۔ قینچی کو بھولنے کی یہ مثال ہم نے یوں ہی دی ہے۔ بھولنے کو تو آدمی کچھ بھی بھول سکتا ہے۔ بشرطیکہ منطقی اعتبار سے اس بھول کا کوئی جواز موجود ہو۔ یہ تو ہو سکتا ہے کہ ایک ڈاکٹر اپنے دستانے کسی مریض کے پیٹ میں رکھ کر بھول جائے لیکن یہ نہیں ہو سکتا کہ وہ اپنے موزے بھی مریض کے پیٹ میں رکھ کر بھول جائے۔

پھر بھی آئے دن ایسی عجیب و غریب خبریں پڑھنے کو مل جاتی ہیں کہ آپ دنگ رہ جاتے ہیں کیونکہ آپ کو ان کا کوئی منطقی جواز نہیں ملتا۔ پچھلے دنوں ریاض سے یہ خبر آئی ہے کہ سعودی ڈاکٹروں نے ایک ستر سالہ مریض کے پیٹ میں سے ایک ٹوتھ برش کو برآمد کیا ہے۔ معلوم ہوا ہے کہ اس مریض نے ۲۲ برس پہلے

اس ٹوتھ برش کو نگل لیا تھا(کیوں نگلا تھا یہ کسی کو نہیں معلوم)تب سے یہ ٹوتھ برش وہاں خیریت سے تھا۔ مریض کو بھی پیٹ میں اس کی موجودگی سے کوئی تکلیف نہیں تھی۔ تاہم ڈاکٹروں نے غالباً سوچا کہ ایک ٹوتھ برش بیکار میں کیوں کسی کے پیٹ میں پڑا رہے۔ باہر نکلے تو کسی ضرورت مند کے کام آئے گا اور ضرورتمند کے دانت چمکنے لگ جائیں گے۔ اب ہم اس خبر کو پڑھ کر حیران اور پریشان ہیں۔ پہلے تو یہ وجہ سمجھ میں نہ آسکی کہ مریض نے ۲۲ برس پہلے اس ٹوتھ برش کو کیوں نگلا تھا۔ کیونکہ ٹوتھ برش کھانے کی چیز تو ہے نہیں۔ کسی حد تک ٹوتھ پیسٹ میں ذائقہ ہوتا ہے۔ اگر یہ اچھی کمپنی کا ہو تو لذیذ بھی لگتا ہے۔ لیکن ٹوتھ برش میں بذات خود کوئی ذائقہ نہیں ہوتا۔ پھر اس کی ساخت کچھ ایسی ہوتی ہے کہ اسے آسانی سے حلق کے نیچے اُتارا نہیں جاسکتا۔ ٹوتھ برش، مونگ پھلی یا کاجو کی طرح تو ہوتا نہیں کہ جب جی چاہا منہ میں ڈال لیا اور پیٹ میں پہونچا دیا۔ ہم تو اس بات پر حیران ہیں کہ یہ پیٹ میں کس طرح پہونچا۔ آدمی ہمیشہ سے پیٹ میں اچھی اور قیمتی چیزیں ہی داخل کرتا آیا ہے۔ چٹپٹی اور مرغن غذائیں تو عموماً پیٹ میں جاتی ہی ہیں بسا اوقات کسٹم والوں کے ڈر سے سونے کے بسکٹ، اشرفیاں اور ہیرے جواہرات بھی پیٹ میں داخل کئے جاتے ہیں۔ کبھی کبھی بچے بھی غلطی سے سکے نگل لیتے ہیں۔ چنانچہ اس وقت ہمیں اپنے ایک دوست کی یاد آرہی ہے جن کے بیٹے نے ایک اشرفی نگل لی تھی۔ ہمارے ان دوست نے سارا ماجرا سنانے کے بعد پریشان ہو کر ہم سے پوچھا تھا کہ کیا

تم کسی اچھے اور قابل اعتماد ڈاکٹر کا پتہ بتا سکتے ہو جو میرے بیٹے کے پیٹ میں سے اشرفی کو نکال سکے۔ اپنی پیچیدہ فطرت کے باعث ہم نے اس سیدھے سے استفسار کا مطلب یہ سمجھا کہ ہمارے دوست کو اصل میں ایک ایسا ایماندار اور نیک نیت ڈاکٹر درکار ہے جو اشرفی کو بچے کے پیٹ میں سے نکالنے کے بعد امانت میں خیانت کئے بغیر اشرفی کو بچہ کے والدین کے حوالے کر دے اور فیس کا حوالہ دے کر اسے خود سے ہڑپ کرنے کی کوشش نہ کرے۔

اس پر ہم نے کہا "ایسی حالت میں مناسب یہ ہو گا کہ جب ڈاکٹر بچے کے پیٹ میں سے اشرفی کو برآمد کرنے لگے تو اس وقت احتیاطی تدبیر کے طور پر پولیس کو بھی طلب کر لیا جائے تا کہ ڈاکٹر کی نیت خراب نہ ہو جائے۔ ہمارے اس جواب پر ہمارے یہ دوست ہم سے برسوں ناراض رہے۔ انہیں یہ شکایت تھی کہ ہم انہیں بھی اپنی ہی طرح کا انسان سمجھتے ہیں۔ جو خود تو بڑا بے ایمان ہوتا ہی ہے دوسروں کو بھی بے ایمان سمجھتا ہے۔ اصل میں پیٹ کا معاملہ ہی نازک ہوتا ہے اور یہ ضروری بھی نہیں کہ پیٹ میں صرف کھانے پینے کی چیزیں ہی داخل ہوں۔ ایک بار ہم نے خبر پڑھی تھی کہ کسٹم والوں نے ایک مسافر کے پیٹ میں سے کئی سو ڈالر کے کرنسی نوٹ برآمد کئے جو کیپسول میں رکھ کر پیٹ میں داخل کئے گئے تھے۔ یوں بھی آئے دن مسافروں کے پیٹ میں سے سونے کے بسکٹ، چرس کے پیاکٹ اور ہیرے جواہرات وغیرہ برآمد ہوتے رہتے ہیں۔ اس کا مطلب یہ نہیں کہ یہ چیزیں مزیدار

اور لذیذ ہوتی ہیں بلکہ اس کا مطلب یہ ہے کہ پیٹ بڑا بدکار ہے اور یہ آدمی کے جسم کے دوسرے اعضا سے غلط سے غلط کام کرواتا رہتا ہے۔ پیٹ اتنا بدکار ہے کہ آدمی کو مجبور کر دیتا ہے کہ وہ اپنا ضمیر بیچ دے۔ اپنی نیت خراب کر لے اور دوسروں کو دھوکہ دینے لگ جائے۔ نتیجہ یہ ہوتا ہے کہ آدمی اس کے بعد صرف مرغن غذائیں اور لذیذ چیزیں کھانے پر ہی اکتفا نہیں کرتا بلکہ حرام کی کمائی تک کھانے لگ جاتا ہے۔ پھر تو اُس کا پیٹ ایسی ایسی چیزیں کھانے کا عادی ہو جاتا ہے کہ عقل دنگ رہ جاتی ہے۔ مثلاً آدمی جھوٹی قسمیں کھاتا ہے، رشوت کھاتا ہے، گالیاں کھاتا ہے بلکہ جوتیاں تک کھا جاتا ہے۔

اب ہم ان اشیاء کی فہرست کو کہاں تک طول دیں جنہیں آدمی اکثر کھاتا رہتا ہے۔ آپ خود اس فہرست میں ان چیزوں کو شامل کر لیں جو آپ آج کے زمانے میں کھانے پر مجبور ہو گئے ہیں۔ سچ تو یہ ہے کہ سعودی باشندے کے پیٹ میں ٹوتھ برش کے ملنے پر ہمیں کوئی حیرت نہیں ہے کیونکہ ٹوتھ برش کوئی ایسی چیز نہیں ہے کہ اس کے رہنے پر کسٹم والوں کو اعتراض ہو۔ یہ ایسا ہی ہے جیسے ہم اپنا قلم خود کھالیں یا کنگھی کھالیں یا شیونگ برش کھالیں۔ بھئی ہماری چیز ہے ہم نے جہاں چاہا وہاں رکھ دی والا معاملہ ہے۔ ہمیں تو وہ ڈاکٹر بھی اچھے معصوم اور سادہ لوح نظر آتے ہیں جو اپنے نشتر، قینچیاں اور سرجری کے دیگر اوزار مریضوں کے پیٹوں میں بھولے سے رکھ دیتے ہیں۔ یہ ان کی بڑائی اور اعلیٰ ظرفی نہیں تو اور کیا ہے کیونکہ

ان دنوں آدمی اپنی کوئی چیز، چاہے وہ کیسی ہی کیوں نہ ہو، کسی دوسرے کے پیٹ میں جاتے ہوئے دیکھ نہیں سکتا۔ پیٹ ہے ہی ایسی بدکار چیز، یہ الگ بات ہے کہ آدمی کبھی کبھی بے خیالی میں اپنی چیزیں ادھر اُدھر رکھ کر بھول جاتا ہے۔ لیجئے ہمیں اس وقت اپنے ایک آرٹسٹ دوست یاد آگئے جن سے ہم نے اپنے دفتر کی ایک کتاب کا ٹائٹل بنوایا تھا۔ اپنی محنت کا معاوضہ وصول کرنے کی غرض سے وہ ہمارے پاس آئے تو ہم نے معاوضہ دینے سے پہلے خواہش کی کہ وہ ایک کاغذ پر رسیدی ٹکٹ لگا کر دستخط کر دیں۔ اتفاق سے ان کے پاس اس وقت رسیدی ٹکٹ نہیں تھا۔ لہذا ہم نے ہی از راہ عنایت انہیں اپنے پاس سے رسیدی ٹکٹ دے دیا۔ اس کے بعد پھر بڑی دیر تک ادھر اُدھر کی باتیں ہوتی رہیں، جب رسیدی ٹکٹ پر دستخط کرنے کی نوبت آئی تو معلوم ہوا کہ رسیدی ٹکٹ کہیں غائب ہو گیا ہے۔ کمرے میں ہر جگہ رسیدی ٹکٹ کو تلاش کیا لیکن یہ نہ ملا۔

ہم خود حیران رہ گئے کہ ابھی پانچ منٹ پہلے جو چیز انہیں دی تھی وہ کیسے غائب ہو گئی۔ یقین مانیے پورا ایک گھنٹہ اس رسیدی ٹکٹ کو تلاش کرنے میں ضائع ہو گیا۔ پھر اچانک ایک کوندے کی طرح ایک خیال ہمارے ذہن میں آیا اور ہم نے اپنے آرٹسٹ دوست سے کہا کہ وہ ذرا اپنی زبان باہر کو نکالیں۔ جیسے ہی ان کی زبان باہر نکلی ہم نے دیکھا کہ رسیدی ٹکٹ ان کی زبان پر ٹکا ہوا ہے۔ گویا ہمارے آرٹسٹ دوست نے ٹکٹ کی گوندوالی سطح کو گیلا کرنے کیلئے اسے زبان پر تو رکھا لیکن اسے

کاغذ پر چسپاں کرنا بھول گئے۔ اگر اس اثناء میں ہمارے دوست نے خدانخواستہ پانی پی لیا ہوتا تو یہ رسیدی ٹکٹ بھی ان کے پیٹ میں چلا جاتا اور کیا عجب کہ اس ٹکٹ کو باہر نکالنے کیلئے کسی ڈاکٹر کی خدمات سے استفادہ کرنا پڑتا۔ حالانکہ ایسی چیزوں کو پیٹ میں سے برآمد کرنے کی چنداں ضرورت نہیں ہوتی۔ اب جو سعودی عرب کے ڈاکٹروں نے ستر سالہ مریض کے پیٹ میں سے ٹوتھ برش نکالا ہے تو یہ بھی فضول خرچی ہے اور اس کا کوئی خاص مقصد نہیں ہے۔ اگر ڈاکٹر حضرات انسان کے پیٹ میں سے کوئی چیز نکالنا ہی چاہتے ہیں تو کسی ایسے آدمی کو ڈھونڈیں جس نے کسی کی جائیداد ہڑپ کرلی ہو یا کسی کا حق مار کر کھا گیا ہو۔ اگر آپ کسی غاصب کا پیٹ چیر کر کسی مظلوم کو اُس کا حصہ دلوادیں تو یہ بھی طب کی ترقی کا کمال ہو گا۔ مالداروں نے غریبوں کے پیٹ کاٹ کر اپنے پیٹ بڑے کرلئے ہیں۔ بعض تو چلنے پھرنے کے قابل بھی نہیں رہے۔ اگر ڈاکٹر حضرات مالداروں کے پیٹ چیر کر ان میں چھپی ہوئی غریبوں کی خوشحالی کو برآمد کرنے کا سلسلہ شروع کریں تو یہ ایک کارنامہ ہو گا۔ پیٹوں میں سے صرف روکھی سوکھی قینچیاں، ٹوتھ برش اور اشرفیاں وغیرہ برآمد کرنے سے کچھ بھی نہیں ہو گا۔ اس سے بھلے ہی طب کی ترقی ہوتی ہو سماج اور معاشرے کی ترقی نہیں ہو گی۔

***

کفایت شعاری کی فضول خرچی

یہ تو آپ جانتے ہیں کہ کفایت شعاری کو ہم نے اپنی زندگی کا سب سے اہم شعار بنا رکھا ہے۔ تبھی تو اتنی لمبی عمر گزار کر یہاں تک پہنچے ہیں، ورنہ کب کے خرچ ہو چکے ہوتے۔ عمر کی نقدی جتنی بھی ملی اور جب جب ملی، اس کے پل پل کو نہایت کفایت شعاری کے ساتھ خرچ کرتے ہوئے اس منزل تک پہنچے ہیں۔ حد ہو گئی کہ ہم نے اپنی بھرپور جوانی بھی بڑی کفایت شعاری کے ساتھ گزاری ہے۔ جوانی کے دنوں میں جن حسیناؤں کی اداؤں پر ہم مر مٹتے تھے، انھیں کانوں کان خبر نہیں ہونے دیتے تھے کہ ہم اُن پر جی جان سے فدا ہیں۔ یہ نہ سمجھئے کہ ہم بزدل واقع ہوئے تھے یا آتش نمرود میں کود پڑنے کا ہم میں حوصلہ نہیں تھا۔

بے شک، ہم اپنے زمانے کے نڈر اور جری نوجوان تھے بلکہ ہمارا شمار سورما بھوپالی قسم کے نوجوانوں میں ہوتا تھا۔ اگر ہم نے اپنے والہانہ دِلی جذبات سے اُن حسیناؤں کو واقف نہیں کرایا تو اسے ہماری بزدلی پر محمول نہ کیجئے بلکہ اسے ہماری روایتی کفایت شعارانہ خصلت کا کمال گردانیے۔ ہمیں اندازہ تھا کہ قدرت نے یہ جو ہمیں عشق کی دولت سے مالامال کیا ہے، اسے سنبھال کر رکھنا ہماری کفایت شعاری کا

اوّلین فریضہ ہے۔ کیونکہ یہ وہ دولت ہے جسے ہر کس و ناکس پر ضائع نہیں کیا جا سکتا۔ حالانکہ اس زمانہ میں علامہ اقبالؔ نے اپنی شاعری کے ذریعہ ہمیں بار بار ورغلانے کی حتی المقدور کوشش بھی کی۔

تو بچا بچا کے نہ رکھ اسے ترا آئینہ ہے وہ آئینہ
جو شکستہ ہو تو عزیز تر ہے نگاہِ آئینہ ساز میں

ہم جب جوان تھے تو اُن دنوں مردم شماری کی اتنی اہمیت نہیں ہوا کرتی تھی، جتنی کہ اختر شماری کی تھی۔ بیشتر نوجوان اپنے عشق کی آڑ میں چوری چھپے اختر شماری کی سنچریاں بناتے چلے جاتے تھے۔ بے شک، ہم نے بھی عشق کے زیر عنوان بشرطِ فرصت تارے ضرور گنے ہیں، لیکن ان کی تعداد کبھی چالیس پچاس سے آگے نہیں بڑھی۔ اس کی بھی دو وجہیں ہیں۔ اوّل تو یہ کہ ہم نیند کے بہت کچے ہیں اور دوم یہ کہ ہماری ریاضی اُس وقت بھی اتنی ہی کمزور تھی، جتنی کہ آج ہے۔ تاروں کو گنیں بھی تو کہاں تک گنیں۔ عشق کے ہاتھوں مجبور ہو کر ٹھنڈی آہیں بھی بھریں تو ان سرد آہوں کی تعداد کو چار پانچ آہوں سے زیادہ بڑھنے نہیں دیا۔

روایتی اور مسلمہ عشّاق کے بارے میں سنا ہے کہ بسا اوقات وارفتگی عشق میں اپنے گریبان بھی چاک کر لیتے ہیں۔ ماشاء اللہ، اس میدان میں ہم نے اس حوالے سے کبھی اپنا گریباں چاک نہیں کیا۔ اس کا مطلب یہ نہیں کہ ہمارا جذبہ عشق ناپختہ تھا بلکہ اصل قصہ یہ ہے کہ ہمارا جذبہ کفایت شعاری ہمارے جذبہ عشق

سے کہیں زیادہ پختہ ہوا کرتا تھا جو ہمیشہ ہمارا دامن تھام لیتا تھا کہ میاں! گریباں چاک کر لوگے تو نئی قمیض کے لئے پیسے کہاں سے لاؤ گے؟ بہر حال، ہم نے اپنی جوانی کچھ اس احتیاط سے گزاری کہ ہماری روایتی کفایت شعاری پر کبھی آنچ نہ آنے پائی۔ ہم نے عشق صادق پر صدق دِل سے عمل تو کیا، لیکن اس معاملہ میں کبھی کفایت شعاری کو کنجوسی یا بخالت کی حدوں میں داخل ہونے کا موقع عطا نہیں کیا۔ کفایت شعاری اور بخالت کے درمیان جو نازک سا فرق ہوتا ہے، اسے ہمیشہ ملحوظ رکھا۔ علامہ اقبالؔ نے ہی کہا تھا۔

لازم ہے دِل کے پاس رہے پاسبانِ عقل
لیکن کبھی کبھی اسے تنہا بھی چھوڑ دے

ہمیں اس وقت اپنے ایک بزرگ دوست یاد آگئے جو عشق کی پاکیزگی کے ایسے زبردست قائل تھے کہ زندگی بھر مجرد ہی رہے اور عشق کی دولت کو ہمیشہ سنبھال کر کچھ اس طرح رکھا کہ کبھی ان کے جذبۂ پاکیزگی عشق کے وضو کے ٹوٹنے کی نوبت ہی نہ آئی۔ دوسری طرف ہمارے ایک شاعر دوست ہیں۔ نوجوانی میں بڑے وجیہہ و شکیل ہوا کرتے تھے۔ اپنی رومانی نظموں اور غزلوں کے باعث خواتین میں بہت مقبول تھے۔ چنانچہ ہمیشہ نازنینوں اور خوش جمالوں میں گھرے رہتے تھے۔ ادبی حلقوں میں ان کے معاشقوں کی بھی بڑی دھوم تھی۔ ایک طویل عرصہ بعد ان سے ملاقات ہوئی تو احساس ہوا کہ عشق کے بے جا اسراف اور شاہ خرچی کے باعث ان کا

حلیہ کافی تبدیل ہو چکا ہے۔

دِل فسردہ تو ہوا دیکھ کر اس کو لیکن
عمر بھر کون حسیں کون جواں رہتا ہے

چونکہ ہمارے پرانے دوست رہے ہیں، اس لئے ہم نے ضروری حال چال کے بعد ان کے معاشقوں اور رومانس وغیرہ کے بارے میں پوچھا تو روہانسی صورت بنا کر بولے:

"میاں! کیسا رومانس اور کہاں کا رومانس، اب تو یہ حال ہے کہ کبھی غلطی سے کسی غزل میں مجھ سے کوئی اچھا سا رومانی شعر سرزد ہو جاتا ہے تو چار دن بستر سے نہیں اُٹھ پاتا"۔

معاف کیجئے، ہم نے یہ کالم خالص معاشی پس منظر میں کفایت شعاری کے فائدوں اور بے جا اسراف کے نقصانات کو اُجاگر کرنے کی غرض سے لکھنا شروع کیا تھا، لیکن غلطی سے ہم حُسن اور عشق کی کفایت شعاریوں اور فضول خرچیوں وغیرہ کی طرف نکل گئے۔ چاہے کچھ بھی ہو، زندگی کے ہر شعبہ میں کفایت شعاری کی اہمیت اور افادیت مسلمہ ہے بلکہ آج ہم جو کچھ بھی ہیں، وہ اپنی غربت اور کفایت شعاری کی وجہ سے ہیں۔

غربت اور کفایت شعاری کا تعلق بھی چولی اور دامن کا سا ہے۔ چونکہ غریب آدمی اپنی غربت کی وجہ سے مرغن غذائیں نہیں کھا سکتا، اس لئے کفایت شعاری

کے اُصولوں پر عمل کرتے ہوئے گھاس پوس اور سبزیاں کھاتا ہے اور مرغن غذاؤں سے بحالت مجبوری اور از راہِ کفایت شعاری دُور رہتا ہے جس کی وجہ سے اس کی صحت بہتر ہو جاتی ہے اور وہ دیر تک سماج کے سینہ پر مونگ دلنے اور لمبی عمر پانے کا اہل بن جاتا ہے۔

دوسری طرف متمول اصحاب دولت کی فراوانی کے باعث بے جا اسراف اور ظاہری نمود و نمائش کے مرتکب ہو جاتے ہیں اور فائیو اسٹار ہوٹلوں کی مرغن غذائیں کھا کر خود اپنے عرصۂ حیات کو اپنے اُوپر تنگ کر لیتے ہیں۔ ان میں سے بیشتر کا دیوالیہ تک نکل جاتا ہے۔ اصلی کفایت شعاری کا ایک بنیادی اُصول یہ ہے کہ آدمی اپنی چادر کو دیکھ کر اپنے پاؤں کو پھیلانے کی کوشش کرے۔ یہ نہیں ہونا چاہئے کہ چادر چھوٹی ہو یا پاؤں چادر سے لمبے ہونے لگیں تو آدمی از راہِ کفایت شعاری اپنے پاؤں کو چادر کے مطابق بنانے کی غرض سے اپنے پاؤں کو کاٹنا شروع کر دے۔ خود اپنے پاؤں پر کلہاڑی مارنے کا محاورہ اسی لئے تو وجود میں آیا ہے۔ آدمی یا تو اپنے وسائل کی چادر کو بڑا بنائے یا پھر اپنے پاؤں کو سمیٹ کر گزارا کر لے۔

کفایت شعاری اگر فیشن بن جائے تو وہ کفایت شعاری نہیں رہتی بلکہ بلائے جان بن جاتی ہے۔ پچھلے چند دنوں سے حکومت نے کفایت شعاری پر عمل کرنے کے ایسے ہی فیشن ایبل طریقے اپنانے کا منصوبہ بنایا ہے۔ بڑے بڑے رہنماؤں، حکمرانوں اور عہدیداروں سے کہا جا رہا ہے کہ وہ ہوائی جہازوں کی بجائے ٹرینوں

میں سفر کریں اور اگر بحالت مجبوری ہوائی جہاز میں بیٹھنے کی نوبت آجائے تو وہ ایگزیکٹیو کلاس میں نہ بیٹھیں بلکہ اِکانومی کلاس میں عام مسافر کی طرح بیٹھیں۔ وہ تو اچھا ہے کہ ہوائی جہازوں میں بسوں کی طرح ڈنڈوں سے لٹک کر سفر کرنے کی سہولت موجود نہیں ہوتی، ورنہ حکمران جوش کفایت شعاری میں ڈنڈوں سے بھی لٹک کر چلے جاتے۔ ان کے اس طرح سفر کرنے کا جواز یہ پیش کیا جارہا ہے کہ جہاں ایک طرف کرایوں کے اخراجات میں کمی واقع ہوگی، وہیں حکمرانوں کو عام آدمی سے تبادلۂ خیال کرنے اور ان کے مسائل کو سمجھنے میں مدد ملے گی۔

آپ تو جانتے ہیں کہ ہمارے پرانے حکمران کسی سکیوریٹی کے محتاج نہیں ہوا کرتے تھے، کیونکہ ان کی عوامی مقبولیت ہی ان کی حفاظت کی ضامن ہوا کرتی تھی۔ آج کے حکمرانوں کا یہ عالم ہے کہ ایک حکمران کی حفاظت پر بیسیوں سکیوریٹی گارڈس متعین کئے جاتے ہیں۔

پرانے حکمران جب چلتے تھے تو ان کے ساتھ نہ صرف عوام چلتے تھے بلکہ ساری قوم بھی چلتی تھی۔ اب ہمارے رہنما کہیں جاتے ہیں تو ان کے ساتھ ان کے بیسیوں محافظ چلتے ہیں اور جگہ جگہ ان کی حفاظت کی خاطر سینکڑوں حفاظتی کارکن اپنی جانیں اپنی ہتھیلیوں میں سجائے دم بخود کھڑے رہتے ہیں۔ کیسی کفایت شعاری اور کہاں کی کفایت شعاری؟ ایسی کفایت شعاری جو فیشن کے طور پر اپنائی جائے، اس میں فضول خرچی اور بے جا اسراف کی زیادہ گنجائش نکل آتی ہے بلکہ اس عمل

میں ہمیشہ مونچھیں داڑھی سے بڑی ہو جاتی ہیں۔ اسی لئے تو ہم کفایت شعاری کی فضول خرچی کے قائل نہیں ہیں۔

رہی بات حکمرانوں کے ٹرین میں سفر کرنے اور اس بہانے عام آدمی کے مسائل کو سمجھنے کی تو اس سلسلہ میں ہماری عرض یہ ہے کہ جب تک ایک حکمران خود عام آدمی نہیں بن جاتا، تب تک وہ ٹرین کے سفر کی مدد سے عام آدمی کے مسائل کو سمجھ نہیں سکتا۔ جو حکمران ٹرین میں سفر کرتے ہوئے بھی حکمران ہی برقرار رہے تو اسے عام آدمی اور اس کے خاص مسائل سے کیا تعلق؟

چالیس برس پہلے ہم نے ایک مضمون "ریل منتری مسافر بن گئے" لکھا تھا جس کی بنیاد یہ فینٹیسی (Fantasy) تھی کہ ایک دن ریل منتری کے ذہن میں یہ خیال آتا ہے کہ کیوں نہ وہ بھیس بدل کر ایک عام مسافر کی طرح کسی ٹرین کے تھرڈ کلاس کمپارٹمنٹ میں سفر کریں تاکہ مسافروں کو پیش آنے والی مشکلات کا خود سے جائزہ لے سکیں۔ ہم نے یہ مضمون ممبئی کے ایک جلسہ میں اُس وقت کے ریل منتری کی موجودگی میں سنایا تھا اور ابھی دس بارہ برس پہلے وزیر ریلوے لالو پرساد یادو کی موجودگی میں دہلی کے ریل بھون میں منعقدہ محفل میں بھی سنایا تھا۔

حد ہو گئی کہ ہم تو اپنے حکمرانوں کو بھی بڑی کفایت شعاری کے ساتھ برتنے اور انھیں بچا بچا کر رکھنے کے سو سو جتن کرتے ہیں۔ یہی وجہ ہے کہ ہمارے حکمران ایک بار اقتدار کی کرسی پر یا پارٹی کے کسی عہدے پر فائز ہو جاتے ہیں تو وہاں سے یا تو

خود حکمران نہیں ہٹتے یا ہم لوگ ہی انھیں از راہِ کفایت شعاری وہاں سے ہٹانے کی کوشش نہیں کرتے۔ یوں لگتا ہے جیسے ہمارے بعض حکمران ماں کے بطن سے ہی اقتدار کی کرسی پر بیٹھ کر پیدا ہوئے تھے۔ کفایت شعاری بہت اچھی چیز ہے، بشرطیکہ اس پر سوجھ بوجھ کے ساتھ عمل کیا جائے۔

***

کویل کی کُوک کو سن کر

نہ جانے کتنے ہی برسوں بعد کل سویرے آنکھ کھلی تو کانوں میں اچانک کویل کی کُوک سنائی دی۔ ہمیں تو یقین ہی نہ آیا کہ یہ ہمارے اپنے کان ہیں۔ کویل تو بہت دور کی بات ہے، کچھ دیر کے لئے شبہ ہوا کہ شاید کسی ٹیلی ویژن یا ریڈیو پروگرام میں کوئی کویل کُوک رہی ہو لیکن ٹیلی ویژن اور ریڈیو دونوں ہی بند تھے۔ صبح کی سپیدی بھی اچھی طرح افق پر نمودار نہیں ہوئی تھی۔ بستر میں پڑے پڑے سوچتے رہے کہ اتنے برسوں تک یہ کویل کہاں غائب رہی یا ہم ہی کویل سے دور رہے۔ انسان اپنی غلطی کہاں تسلیم کرتا ہے۔ اسے تو الزام عائد کرنے کی عادت سی پڑ گئی ہے۔ ان دنوں جبکہ انسانوں نے ایک دوسرے کی باتوں کو سننا اور سمجھنا چھوڑ دیا ہے، اس ایک کویل کی آواز نے اچانک ہم سے بہت کچھ کہہ دیا۔ ایک زمانہ تھا جب کویل کی کُوک ہمارے روزمرہ میں شامل تھی۔ روز ہی کویل کی کُوک سنائی دیتی تھی اور دل میں کتنے ہی جذبوں کو بیدار کر دیتی تھی۔ ہماری نوجوانی کے وہ دن جو کبھی دیہاتوں اور کھیتوں کے درمیان گذرا کرتے تھے وہاں کویل کی کُوک کوئی نئی بات نہیں تھی۔

کویل ہم سے کیا کہنا چاہتی تھی ہمیں کچھ بھی سمجھ میں نہیں آتا تھا مگر اس کُوک کو سن کر ہمارے سارے وجود پر ایک سرشاری سی طاری ہو جاتی تھی۔ کویل سے تو ہم کچھ کہنا نہیں چاہتے تھے لیکن کویل کی کُوک کے حوالے سے ہمیں وہ سب کچھ یاد آ جاتا تھا جو ہم کسی سے کچھ کہنا چاہتے تھے۔ کبھی کبھی یہ خیال بھی آتا تھا کہ کویل کی یہی کُوک جب اس ہستی کے کان میں پڑے گی جس سے ہم کچھ کہنا چاہتے تھے تو ہو سکتا ہے ہمارے دل کی ساری باتیں اس ہستی پر پہنچ جائیں۔ ترسیل کا یہ عجیب و غریب انداز بھلے ہی کسی کو مضحکہ خیز لگے لیکن یہ تھا بڑا توانا اور مستحکم۔ آپ یقین کریں کہ ایک عرصہ تک کویل کی یہ کُوک ہمارے سارے وجود میں پیار، محبت، خلوص اور انسانیت کی شمعیں جلا دیتی تھی۔ کہنے کو کویل ایک پرندہ ہے لیکن اس کی معرفت ہم پیار اور محبت کا درس لیا کرتے تھے۔ لیکن بعد میں جب ہم بڑے شہروں میں رہنے لگے تو کویل اور اس کی آواز ہم سے دور ہوتی چلی گئی۔

کل جب سویرے سویرے اچانک اس کویل کی آواز کانوں میں پڑی تو احساس ہوا کہ اس کویل نے ہم سے ڈھیروں ایسی باتیں کہہ دی ہیں جنھیں ہم لفظوں میں بیان نہیں کر سکتے۔ کتنے ہی جذبے اچانک بیدار ہو گئے، کتنی ہی یادیں روشن ہو گئیں۔ اس عرصہ کی بازیافت ہو گئی جس میں پچاس ساٹھ برس پہلے ہم سانس لیا کرتے تھے۔ ہم سوچنے لگے کہ انسانوں کی بھیڑ میں رہتے رہتے جب ہمیں خود انسانوں کی باتیں سمجھ میں نہیں آنے لگی ہیں بلکہ کچھ بھی سمجھ میں نہیں آنے لگا ہے

تو افرا تفری اور نفسا نفسی کے اس ماحول میں اس کویل نے اپنی ایک کُوک کے ذریعہ ایسی کیا بات کہہ دی کہ ہمارے جذبوں کے تار جھنجھنا اٹھے ہیں۔ کائنات اور انسانیت پر پھر سے اعتماد بحال ہونے لگا ہے۔

جہاں انسانیت پر اعتماد کی بحالی کے لئے اب کسی انسان کی بات پر یقین کرنے کو جی نہیں چاہتا ہو وہاں ایک معمولی کویل نے ہم میں انجان اور معصوم جذبوں کا ایک طوفان برپا کر دیا۔ کہیں اس کا یہ مطلب تو نہیں کہ ہم انسانوں کی باتوں سے دور اور پرندوں کی بولیوں سے قریب ہوتے جا رہے ہیں۔ بخدا اب تو کبھی اپنے انسان ہونے پر شرم سی آتی ہے اور ندامت کا احساس ہوتا ہے۔ قدرت نے انسان کو اظہار کے لئے لاکھوں لفظ عطا کئے ہیں لیکن بیچاری کویل کو صرف ایک کُوک عطا کی ہے لیکن یہ اکیلی کُوک نہ جانے ہم سے اتنی ساری باتیں کس طرح کہہ گئی کہ اس کے آگے سارے لفظ ہیچ اور بے معنی نظر آنے لگے ہیں۔ ہمیں نہیں معلوم کہ جس کویل کی آواز ہم نے کل سنی اس کے پُرکھوں کی آواز ہم نے کئی برس پہلے کب سنی تھی۔ اس کی کئی پشتیں اب تک گذر چکی ہوں گی۔ پرندوں کی عمر ہی کتنی ہوتی ہے۔ پانچ دس برس میں اپنی زندگی کے سارے کاروبار سے فراغت پا کر اس دنیا سے رخصت ہو جاتے ہیں۔ اسی میں ان کا بچپن آتا ہے، جوانی کے دن آتے ہیں، مرادوں کی راتیں آتی ہیں۔ قدرت نے ان کے ذمہ جو کام سونپا ہے اسے انجام دے کر چپ چاپ اس دنیا سے چلے جاتے ہیں۔

انسان اب برسوں زندہ رہنے لگا ہے۔ قدرت نے اس کے ذمہ جو کام سونپا ہے اُسے انجام دینے کی بجائے اب وہ کائنات ہی سے بدلہ لینے لگا ہے۔ ہم یہ سوچ کر حیران ہو جاتے ہیں کہ قدرت نے لاکھوں برس پہلے کویل کو کُوک عطا کی تھی وہ اسی پر قانع اور مطمئن ہے اور اسی ایک کوک کے ذریعہ وہ اپنی زندگی کا سفر طے کر لیتی ہے۔ انسان نے صدیوں کے لمبے سفر میں اپنے اظہار کے لئے بے شمار لفظ ایجاد کر لئے ہیں۔ کئی زبانیں اپنائی ہیں لیکن لفظوں کی اس بہتات میں لگتا ہے انسان اپنی آواز کو کھوتا جا رہا ہے۔ لفظ اپنے معنی بدلتے جا رہے ہیں۔ انسان نے ہزاروں ڈکشنریاں تیار کر رکھی ہیں لیکن ان میں شامل کتنے ہی لفظوں کے وہ معنی نہیں جانتا۔ لفظوں کی اس بہتات میں وہ گوں گا اور بہرہ ہوتا جا رہا ہے۔ لفظ اب اس کے قبضۂ قدرت میں نہیں رہے۔ جو لفظ وہ بولتا ہے خود ان پر عمل کرنے کا وہ اہل نہیں رہا۔ ڈکشنریوں کی حیثیت اب لفظوں کے تابوتوں کی سی ہو گئی ہے۔ کیا انسان کو زندہ رہنے کے لئے اب واقعی اتنے سارے لفظوں کی ضرورت ہے۔ کیا ان سارے لفظوں کو ملا کر انسان کے لئے بھی ایک ایسی کُوک ایجاد نہیں کی جا سکتی جو سب کی سمجھ میں آسکے۔ اکیسویں صدی میں داخل ہونے کے بعد انسانوں نے اب ایک ایسا ماحول تیار کر لیا ہے جہاں وہ ایک دوسرے کی بات کو سمجھنے کے اب قابل نہیں رہے ہیں۔ قومی اور بین الاقوامی سطح پر اب ایسے دانشور اور سیاستدان ہمیں جا بجا نظر آنے لگے ہیں کہ جب وہ محبت اور بھائی چارے کی بات کرتے ہیں تو لگتا ہے قتل و

غارتگری اور بربادی کی باتیں کر رہے ہیں۔

جب وہ آپس میں گلے ملتے ہیں تو یوں معلوم ہوتا ہے جیسے وہ گلے نہ مل رہے ہوں بلکہ ایک دوسرے کے گلے دبوچ رہے ہوں۔ ان کے قول اور فعل میں ہمیں کہیں بھی کوئی مماثلت نظر نہیں آتی۔ اس لئے تو ہم لفظوں اور ان کے مفہوم سے مایوس ہوتے جارہے ہیں۔ کس کی بات سنیں اور اگر سنیں تو اس پر یقین کس طرح کریں۔ لگتا ہے انسانوں نے لفظ اس لئے ایجاد نہیں کئے کہ ان کی مدد سے اپنی بات دوسرے تک پہنچاسکیں بلکہ لفظ اس لئے ایجاد کئے ہیں کہ ان کی مدد سے ایک دوسرے کو دھوکہ دے سکیں اور ایک دوسرے کو نقصان پہنچاسکیں۔ ان لفظوں کی مدد سے وہ انسانیت کا دامن تار تار کرتے چلے جارہے ہیں۔ انسانوں کا قتل تو ہوتا ہی جارہا ہے۔ اب الفاظ کا بھی قتل عام ہونے لگا ہے اور لفظوں کے قتل عام کو ہم انسانیت کا قتل عام سمجھتے ہیں۔ یہی وجہ ہے کہ کل اچانک کئی برس بعد کویل کی آواز سنی تو اس کی کُوک نے ہم سے کئی باتیں کہہ دیں۔ لاکھوں برسوں سے کویل کے پاس صرف ایک کُوک ہے۔ نہ وہ کوئی زبان جانتی ہے اور نہ ہی اس کی بولی کی کوئی ڈکشنری ہے۔ کوا ہزاروں برسوں سے صرف کائیں کائیں کرتا چلا آرہا ہے اور اپنی زندگی کے سارے کام انجام دے کر دنیا سے چپ چاپ چلا جاتا ہے۔

انسان پہلے بات کرنا نہیں جانتا تھا۔ پھر اس نے بات کرنا سیکھا، سیکڑوں زبانیں ایجاد کیں، کئی بولیاں اختیار کیں۔ کئی لفظ بنائے اور انھیں مفہوم عطا کیا، مگر اب

انسان کے یہ لفظ کھوکھلے ہوتے جارہے ہیں اور ان کا مفہوم بدلتا جارہا ہے۔ انسان ان لفظوں کے ذریعہ اب اپنے دل کا مدعا ایک دوسرے سے بیان کرنا نہیں چاہتے بلکہ ان لفظوں کی مدد سے ایک دوسرے کو برباد کرنا چاہتے ہیں۔ اسی لئے اب ہمیں کویل کی کُوک کے آگے ساری زبانوں کے لفظ بے توقیر اور بے معنی نظر آنے لگے ہیں۔ صدیوں کے سفر کے بعد کویل کی کُوک نے اپنا مفہوم نہیں کھویا البتہ انسانوں کے لفظ اب اپنے مفاہیم کھو چکے ہیں، کھوکھلے اور ننگے ہو چکے ہیں۔ کویل کی آواز سن کر ہمیں لندن کے علاقہ ہیمپسٹیڈ میں واقع مشہور شاعر کیٹسؔ کا وہ گھر یاد آیا جہاں کسی بلبل کی آواز کو سن کر کیٹس نے اپنی شہرہ آفاق نظم " Ode to Nightingale" لکھی تھی۔ اس نظم میں کیٹسؔ نے کتنی ہی خوبصورت باتیں کہی تھیں۔ کیا اکیسویں صدی کا انسان کیٹسؔ کی اس نظم کے پیغام کو سمجھ سکتا ہے۔ اسی لئے تو ہمیں اب کویل کی کُوک اور بلبل کا نغمہ انسانوں کی باتوں سے کہیں زیادہ معتبر، سچے اور مستحکم نظر آنے لگے ہیں۔ ٭٭٭

٭٭٭

بندر نے ٹرین میں سفر کیا

صاحبو، بعض اوقات موضوعات کی اتنی بھرمار اور تکرار ہو جاتی ہے کہ بار بار ایک ہی موضوع پر اظہار خیال کرنے کی نوبت آ جاتی ہے۔ کچھ دنوں پہلے ہم نے ایک ایسے جانور کو موضوع بنایا تھا جسے جانور کہتے ہوئے ہم جیسے باضمیر اور خوددار انسان کو بڑی شرم آتی ہے۔ اس لیے کہ وقت کی دھار پر چلتے ہوئے انسان نے حیوانیت کی سمت اور حیوان نے انسانیت کی سمت کچھ ایسی تیز رفتاری سے سفر کیا ہے کہ اس ترقیِ معکوس کا خیال آتا ہے تو حیرت ہوتی ہے۔ کتا جیسا بے لوث، بے غرض اور بے ریا جانور ان دِنوں انسانوں میں بھی بڑی مشکل سے پایا جاتا ہے۔

آپ نے 'ہریالی کا کتا ضرور دیکھا ہوگا، جو سبزہ زار پر اُگی ہوئی ہریالی کی حفاظت کے کام پر مامور ہوتا ہے۔ جیسے ہی کوئی بھیڑ، بکری، گائے یا بھینس سبزہ زار پر پھیلی ہوئی مزیدار ہریالی پر منہ مارنے کے ارادے سے آگے بڑھتی ہے تو 'ہریالی کا کتا' بے ساختہ بھونکنے اور مذکورہ جانور کو کاٹنے کے لئے لپک پڑتا ہے۔ ایسے میں کوئی لالچی اور خودغرض انسان یہ منظر دیکھ لیتا ہے تو کتے کی بیوقوفی کا مذاق اُڑاتا ہے کہ عجیب احمق جانور ہے، خود تو ہریالی نہیں کھا سکتا اور کوئی دوسرا جانور ہریالی کھانا

چاہے تو اسے بھی کھانے نہیں دیتا حالانکہ آج کل ترقی یافتہ دَور 'امدادِ باہمی' کے اصول پر نہیں بلکہ 'بے ایمانی باہمی' کے اصول پر قائم ہے۔ خود کھاؤ اور دوسروں کو بھی کھانے دو۔ اگر خود کوئی چیز نہیں کھاسکتے تو دوسرے کو اس چیز کے کھانے کا موقع فراہم کرنے کا معاوضہ وصول کرلو اور معاوضے کی مدد سے خود کی پسند کی کوئی چیز خرید کر کھالو۔

ایسے معاشرے میں جب کتّے جیسا یا ہم جیسا کوئی وفادار کردار غلطی سے نظر آ جاتا ہے تو آج کا انسان اس کی حماقت کا مذاق اُڑاتا ہے کہ نہ خود کھاتا ہے اور نہ ہی کسی دوسرے کو کھانے دیتا ہے۔ کتّے کی بات پر ہمیں حضرتِ شیخ سعدی کی بات یاد آ گئی کہ ایک بار وہ کسی قصبے میں پہنچے تو ایک کتّے نے ان پر اچانک بھونکنا شروع کر دیا۔ حضرت نے کتّے کو دھمکانے اور بھگانے کی خاطر زمین پر پڑے ہوئے پتھر کو اُٹھانا چاہا تو پتہ چلا کہ پتھر زمین میں دُور تک دھنسا ہوا ہے۔ اس پر حضرتِ شیخ سعدی نے اپنے مخصوص انداز میں اس شہر کے باسیوں پر نظر کرنے کی خاطر کہا: "یہاں کے لوگ بھی عجیب ہیں۔ کتّے کو تو کھُلا چھوڑ دیتے ہیں البتہ پتھر کو باندھ کر رکھتے ہیں"۔

بہر حال وہ حضرتِ شیخ سعدی کا زمانہ تھا۔ اب زمانہ یکسر بدل گیا ہے۔ یہاں بے ایمانوں اور دھوکے بازوں کو کھلا چھوڑ دیا گیا ہے البتہ کتّوں اور ہم جیسے احمقوں کو وفاداری اور دیانت داری کے بھاری پتھر سے باندھ دیا گیا ہے۔ گھبرائیے نہیں، آج ہم کتّوں کے بارے میں اظہارِ خیال کرنے کا کوئی ارادہ نہیں رکھتے بلکہ آج ایک

اور جانور ہمارے نشانے پر ہے۔

یہ اور بات ہے کہ ہم خود بیسیوں بار اس کے نشانے پر رہ چکے ہیں۔ یہ بھی ایک حقیقت ہے کہ اس جانور سے ہمارا رشتہ بہت پرانا ہے بلکہ ڈارون صاحب تو اس کا شمار ہمارے اجداد میں کرتے آئے ہیں۔ یہی وجہ ہے کہ ہم اپنے اسلاف کے کارناموں کے علاوہ خود ڈارون صاحب اور بندر کی کارستانیوں سے بخوبی واقف ہیں۔ بندر ایک ایسا جانور ہے جسے ہم جب بھی دیکھتے ہیں تو یوں محسوس ہوتا ہے جیسے ہم کسی دھندلے آئینے میں خود اپنے آپ کو دیکھ رہے ہیں۔ اس کی وجہ دراصل انسان اور بندر کے بیچ پائی جانے والی گہری مماثلت ہے۔

ہمیں انسان اور بندر کے درمیان صرف ایک ہی فرق نظر آتا ہے اور وہ یہ کہ بندر کے دُم ہوتی ہے اور انسان دُم سے بے بہرہ ہوتا ہے۔ کہتے ہیں کہ ارتقا کے دَور سے گزرتے ہوئے بعض بندروں نے بیجا خوشنودی حاصل کرنے اور مصلحت آمیزی کے باعث اپنی دُم کو ضرورت سے زیادہ ہلانا شروع کر دیا۔ نتیجے میں کثرتِ استعمال کے باعث ان بندروں کی دُم معدوم ہوگئی اور وہ بندر سے انسان بن گئے۔ بعد میں انسان نے خوشنودی حاصل کرنے کے آلے کے طور پر اپنی زبان کو دُم کے نعم البدل کا درجہ عطا کر دیا اور اظہارِ خوشنودی کو بالآخر چاپلوسی اور خوشامد کی حدوں تک پہنچا دیا۔ یوں اچھے بھلے انسان کو 'مصاحب' بنا دیا۔ افسوس کہ انسان نے زبان جیسی خطرناک چیز کو پانے کی خاطر دُم جیسی کارآمد اور مفید چیز سے دستبرداری اختیار

کرلی۔ خیر یہ ایک لمبی بحث ہے جس میں اس وقت ہم اُلجھنا نہیں چاہتے۔

آج ہمیں بندر کی یاد اس لئے آئی کہ پچھلے دنوں ایک اطلاع کے مطابق دہلی کے نئے میٹرو ریلوے نظام کی ایک ٹرین میں سوِل لائنز کے علاقے سے پارلیمنٹ کے روبرو واقع میٹرو ریلوے اسٹیشن تک ایک شریر اور چالاک بندر نے سفر کیا اور ظاہر ہے کہ بندر مذکور نے یہ سفر ٹکٹ خریدے بغیر ہی کیا ہوگا کیوں کہ بندر ٹکٹ خریدنا نہیں جانتا۔ یہ اور بات ہے کہ انسان ٹکٹ خریدنا بہت اچھی طرح جانتا تو ہے لیکن پھر بھی حتی الامکان یہ کوشش کرتا ہے کہ ٹکٹ خریدنے کی نوبت نہ آئے۔ بندر اور انسان میں یہی تو بنیادی فرق ہے حالانکہ سائنسی نقطۂ نظر سے بندر کو ہمارا جدِّ اعلیٰ ہونے کا اعزاز حاصل ہے۔ خیر یہ بھی ایک الگ معاملہ ہے۔

جس پر کبھی پھر بات ہوگی۔ خبر میں بتایا گیا ہے کہ میٹرو ٹرین میں اچانک بندر کے چلے آنے سے ٹرین کے مسافروں میں ایک کھلبلی مچ گئی اور وہ خوفزدہ ہوگئے کہ کہیں یہ بندر ان پر حملہ نہ کردے۔ انسان ہمیشہ اس غلط فہمی میں مبتلا رہتا ہے کہ ہر جانور اس پر حملہ کرنے کا ارادہ رکھتا ہے۔ جبکہ ہمیں انسان کی اس خوش فہمی پر ہنسی آتی ہے جس کے مطابق ہر انسان اس سادہ لوحی میں مبتلا رہتا ہے کہ ایک انسان دوسرے انسان پر حملہ نہیں کرسکتا۔ حالانکہ اس دھرتی پر انسان ہی صدیوں سے ایک دوسرے کو ہلاک کرتا آیا ہے۔ بہرحال اس معصوم اور سادہ لوح بندر کی موجودگی کی وجہ سے ٹرین کے مسافر ایک ڈبے سے دوسرے ڈبے میں بھاگتے

رہے۔ بالآخر پون گھنٹے کی تگ و دو کے بعد یہ بندر پارلیمنٹ کے قریب واقع میٹرو ریلوے اسٹیشن پر اُتر گیا۔

پہنچی وہیں پہ خاک جہاں کا خمیر تھا۔

ہمیں یہ مصرع اس لئے بھی یاد آیا کہ تیس پینتیس برس پہلے ہم اس علاقے کی عمارتوں میں اپنے فرائض منصبی ادا کرتے تھے۔ یہاں مرکزی حکومت کے سارے اہم دفاتر کے علاوہ پارلیمنٹ اور راشٹرپتی بھون بھی واقع ہے۔ اس علاقے کی خوبی یہ ہے کہ یہاں انواع و اقسام کے بندر بھی پائے جاتے ہیں۔ ان بندروں سے ہماری بڑی پرانی شناسائی ہے۔ پتہ نہیں ان بندروں نے اپنے قیام و طعام کے لئے دہلی کے اس علاقے کا انتخاب کیا ہے حالانکہ اس علاقے میں مرکزی حکومت کے اہم عہدیداروں کے علاوہ ہمارے سیاسی حکمران بھی رہتے ہیں اور پارلیمنٹ کی عمارت بھی یہیں ہے۔

اب اگر بندروں سے یہ سوال پوچھا جائے اور وہ اُلٹا ہم سے یہ سوال پوچھ لیں کہ بتاؤ سیاسی حکمرانوں اور صاحبانِ اقتدار نے اپنے قیام و طعام کے لئے ہمارے علاقے کا انتخاب کیوں کیا تو ہم کیا جواب دیں گے۔ چاہے کچھ بھی ہو انسان اور بندر یہاں باہم شیر و شکر ہو کر رہتے ہیں۔ ایک ہی رکاب میں نہ صرف ساتھ کھانا کھاتے ہیں بلکہ جس رکابی میں کھاتے ہیں اس میں چھید بھی کر ڈالتے ہیں، بھلے ہی انسان نے بندروں سے کچھ نہ سیکھا ہو لیکن بندروں نے انسان سے رکابی میں چھید ڈالنے کا گُر

سیکھ لیا ہے۔ بعض رحم دل سرکاری ملازمین اپنے دوپہر کے کھانے کے ساتھ بندروں کے لئے بھی کچھ نہ کچھ ضرور لے آتے ہیں جس کی وجہ سے بندر آس لگائے بیٹھے رہتے ہیں۔ یہ ایک اتفاق ہے کہ ساری دہلی میں یہی ایک علاقہ ایسا ہے جہاں بندر کثرت سے پائے جاتے ہیں۔ یہی وجہ ہے کہ یہاں کی عمارتوں کے اندر اور عمارتوں کے باہر جو بھی ہنگامہ اور شور شرابا نظر آتا ہے

وہ ترقی یافتہ بندروں کا مرہونِ منت ہوتا ہے حالانکہ اس میں خالص بندروں کا کوئی ہاتھ نہیں ہوتا۔ بعد میں ہم جنوبی دہلی کے ایک دفتر میں کام کرنے لگے تو ایک عرصے تک محض اس لیے کام نہ کر سکے کہ بندر ہمارے شریک کار نہ تھے۔ ہو سکتا ہے میٹرو ریلوے میں جس بندر نے سِول لائنز کے علاقے سے سفر کا آغاز کیا تھا وہ غلطی سے اس میں سوار ہو گیا ہو لیکن جس منزل پر پہنچ کر اس نے اپنے سفر کو انجام تک پہنچایا وہ اس کے لئے بالکل صحیح جگہ تھی۔

سنا ہے کہ اس بندر کو ٹرین سے نکالنے کی بڑی کوشش کی گئی لیکن یہ کسی کے ہاتھ نہ آیا۔ اس بات سے اس کے ذوقِ سفر کا اندازہ آپ لگا سکتے ہیں۔ سنا ہے کہ اس بندر کی موجودگی کی وجہ سے ٹرین کے سارے مسافر پریشان ہو گئے تھے حالانکہ اس میں پریشان ہونے کی کوئی بات نہیں تھی۔ سچ تو یہ ہے کہ آپ کسی اسٹیشن پر کسی کھچا کھچ بھری ہوئی ٹرین کو دیکھتے ہیں تو یوں لگتا ہے جیسے کئی بندر ایک ساتھ مل کر سفر کر رہے ہیں۔ جس طرح انسان ٹرینوں میں سوار ہوتے ہیں، کھڑکیوں سے لٹک کر اور

نشستوں کو جکڑ کر جس طرح سفر کرتے ہیں اور ایک دوسرے پر سوار ہو جاتے ہیں اس سے تو یہ پتہ چلتا ہے کہ ٹرینوں میں سفر کرنے کا اصل حق تو صرف بندروں کو ہی حاصل ہے۔

مانا کہ بندر نے ترقی کی تو وہ انسان بن گیا اور انسان بن کر جب اس نے ترقی کی مزید منزلیں طے کیں تو ریل گاڑی بھی ایجاد کر لی لیکن جب ریل گاڑی میں سفر کرنے کی نوبت آئی تو اسے احساس ہوا کہ اس سواری میں سفر کے لئے انسان میں بندروں کی سی صفات اور خصوصیات کا ہونا نہایت ضروری ہے۔ تب اسے افسوس ہوا کہ اس نے بندروں کی سی صفات اور خصلتوں سے بلاوجہ دستبرداری اختیار کر لی۔ بندر وہ جانور ہے جو بوقتِ ضرورت اپنی دُم کی مدد سے کسی بھی درخت کی ٹہنی سے لٹکنے کی صلاحیت رکھتا ہے۔ اگر انسان کے پاس دُم ہوتی تو ذرا سوچئے کہ ٹرین کا سفر کرنے میں آج انسان کو کتنی سہولت ہوتی۔

ہمیں یہ تسلیم ہے کہ ترقی یافتہ انسان دُم کا کام اپنی زبان سے لیتا ہے اور جانور کے مقابلے میں چاپلوسی اور خوشامد کا بہتر مظاہرہ کر سکتا ہے لیکن وہ ٹرین کے سفر کے دوران میں کسی چیز کو اپنی زبان سے پکڑ کر لٹک نہیں سکتا اور ٹرین کے سفر میں مسافر کے بیٹھنے اور کھڑے رہنے کے مقابلے میں لٹکنے کو بنیادی اہمیت حاصل ہوتی ہے۔ اب اگر دہلی میں ایک بندر نے ٹرین میں سفر کیا ہے تو اس میں پریشان ہونے کی کیا بات ہے۔ ہمارا مشورہ تو یہ ہے کہ زیادہ سے زیادہ بندروں کو ٹرینوں میں سفر

کرنے کی سہولت فراہم کی جائے تاکہ انسانی مسافران کی حرکتوں اور کارستانیوں کو دیکھ کر ٹرینوں میں سفر کرنے کے آداب سیکھ لیں۔ یوں بھی انسان نے یہ سواری بندروں کی سہولت کے لئے ہی بنائی ہے۔

آخر میں ہمیں بے ساختہ ایک بندر کی یاد آگئی جس سے ہمارا سابقہ آج سے ٹھیک ۶۸ برس پہلے پڑا تھا۔ حیدرآباد پر پولیس ایکشن ہوا تو ہماری عمر
کی ہوگی۔ گلبرگہ کے ایک ہوسٹل میں ہم تنہا رہتے تھے۔ ہر طر
غارت گری اور بربادی کا دور دورہ تھا۔ ہم نے راہِ فرار اختیار کر کے حیدرآباد جانے کی کوشش کی تو تانڈور تک جا کر رُک گئے کیوں کہ حمل و نقل کے سارے ذرائع اچانک مسدود ہو گئے تھے۔ ہم نے سوچا کہ پیدل ہی چنچولی تک چلے جائیں جہاں ہمارے ماموں رہتے تھے۔ زور کی بارش ہو رہی تھی اور ہم جنگلوں میں چھپتے چھپاتے جا رہے تھے کہ ہمیں زور کی بھوک لگی۔ ہمارے پاس ایک تھیلی میں آدھی ڈبل روٹی رکھی تھی۔

ہم نے ایک پیڑ کے نیچے کھڑے ہو کر جیسے ہی ڈبل روٹی نکالی اوپر سے ایک بندر نے جست لگا کر روٹی ہمارے ہاتھ سے چھین لی۔ بندر کے اس اچانک حملے سے ہم خوف کے مارے کانپنے لگے۔ بڑی دیر کے بعد ہم خوف کے دائرے سے باہر نکل آئے تو دیکھا کہ بندر روٹی کھانے کے بعد ہمیں حیرت سے دیکھ رہا ہے۔ بندر کی اس حرکت کو دیکھ کر ہمیں ہنسی آگئی اور پھر ایک بار انسانیت پر ہمارا ایقان پختہ ہو گیا۔

کیوں کہ ہمیں پتہ تھا کہ بندر صرف ہماری روٹی چھین سکتا ہے، ہماری پیٹھ میں چھرا نہیں گھونپ سکتا اور ہمارے گھر کو آگ نہیں لگا سکتا۔ ایک لمحے کے لیے ہم نے سوچا کہ انسان اگر بندر ہی برقرار رہتا تو آج ہر طرف انسانیت کا بول بالا ہوتا۔

* * *

www.ingramcontent.com/pod-product-compliance
Lightning Source LLC
LaVergne TN
LVHW010102061026
849532LV00008BA/2935